真の
成功法則
を求めて

豊かに生きる黄金律

元木　裕

元就出版社

【真の成功法則を求めて／目次】

第1章——夢見る力

1　成功への助走

世界中の、誰もが「成功」を望んでいる。できるだけ失敗をせず、何とかして成功しつづけたいと願っている。

もちろん、一言で「成功」といっても、その中身は人によって異なっている。極めて明快に、お金を儲けることに基準を置く者もいれば、他人の上に立ち権力を振るうことを目指す者もいる。どんなにささやかでも、自分のやりたいことを一生つづけられることこそが成功だと思う者もいれば、妻子や孫といった家族の幸せに成功を見出す者もいる。そして、これらの希望がそれぞれの胸の内に個別に湧き起こるのではなく、個人の内においてさえ、いくつかが重なり合ったり、くっついたりして存在しているのである。

あらゆる人は、その胸の内にある「成功」に向かって歩きつづけるのである。違う、と言い張る人はほとんどいないだろう。

しかし、その成功を手に入れられる人はそれほど多くはない。ある種の人たちは、確実に自らが望んだような成功を手に入れるはずである。そして、それと同じぐらい確実に、ある種の人たちは成功とは無縁に生きつづける。

成功せず人生をまっとうする人たちには、「彼らは運が良かったのさ」という慰めの言葉がある。成功しなかったのは運がなかっただけと思い込む。キツネが手の届かない位置にあるブドウを「あれは酸っぱいんだ」と言って諦めるのと同じように。

あるいは、「成功なんて気の持ちようなのさ」という言い方もある。「心頭滅却すれば火もまた涼し」ではないが、成功不成功は感じる側の問題と決めつけるのだ。転んだ子どもに「痛くない痛くない」と言い聞かせるのと同じように。

いずれの方法も、まったくのウソではないし、そんな処方も無駄ではない。ときとして、そうした処方が必要なときも、人生にはある。

しかし、これらはあくまで一時しのぎの薬効でしかないということは知っておいたほうがいい。大きな失敗をしでかしたり、なかなか成功せずに気分が落ち込んだときの手当なのである。酸っぱいと思い込もうとしたブドウは甘いかもしれないし、転んだ子どもは、やはり痛みを感じているのである。

だから、一時の手当によって少しでも元気が出たら、こうした考え方とはきっぱりと縁を切るべきだろう。これらの考え方に浸かっていると、人々は往々にして成功しないことに安住してしまうものである。

では、どうすればいいのか？

頑固な意志と良き習慣

トルストイの小説に「幸福な家庭はみな同じように似ているが、不幸な家庭は、不幸な様も、それぞれ違う形をしている」という言葉が出てくる。

明るさは一様であるが、陰影はさまざまな紋様を描きあげるといってもいい。

この言葉を敷衍《ふえん》するなら、成功する者には一つの型があり、成功しない者はそれぞれに個別の理由があるとも言える。

たとえば、多くの成功者の歩みを眺めていると、その誰もが「逆境にあっても挫けず、どのような悪条件であっても強固な決意をもって進んでいった」のである。あるいは、こういうことも加えられる。「突飛な手段に訴えかけるのではなく、当たり前の、当然やらなければならないことを、こつこつと地道につづけていった」だけである、と。

ここから「強固な意志」と「良き習慣」こそが成功者の必要不可欠の型だという命題が導き出せるだろう。

さらに、成功者とは、ある程度の成功を勝ち取った後にも「自分や環境をもっと高めたいと望む」人たちでもある。より高く、より遠くへ、という願望は、スポーツ選手や冒険家のそれにも通じる欲求である。彼らは、その飢餓感に突き動かされて行動していくのである。そのとき、彼らには明確な目標が設定されている。この目標の有無こそが成功へ至るための試金石なのである。

これは考えてみると、当然のことである。日本のプロ野球界で何年にもわたって首位打者を取りつづけたイチローは、さらなる高みを目指して大リーガーになった。これなどは、まさに目標設定の力によるものである。つまり「大リーグでプレーしたい」、さらには「大リーグで活躍したい」という願望が、何年もかけて具体的かつ明確な目標として彼の内で醸成されていったからだ。小学生のとき、父に連れられて毎日のようにバッティングセンターに通い、バッティング練習に励むことができたのも、たとえ遠い将来であっても、目標が明確だったからだろう。

ここでいう目標が、幼い子が抱く「将来はプロのサッカー選手になりたい」という類の願望とはまったく異なっていることに気づくはずである。もちろん、そうした子どもたちが後にサッカーチームで腕を磨いて、実際にJリーガーになることもあるだろう。が、多くの子どもたちはそんな夢を置き去りにして成長していくものなのである。長じた後、「かつてはこんな夢を持っていた」と思い出にひたったりするのである。

目標と願望、その違いは何なのか。それは、曖昧な願望からは何も生まれず、その願望を目標へと昇華した者だけが成功への第一歩を踏み出せるということである。漠然とした願望は、頭の中にのみ存在するが、明確な目標は行動を伴って現れる。具体的なのである。今日、自分は何をすべきかを導き出してくれる。だから、明確な目標は常に何かを生みつづける。たとえ、それが失敗であっても、ゼロということはない。

しかし、曖昧な願望は、ときに「無為」を生じる。さらには、「愚痴」や「怠惰」へと流れることさえある。

先ほど書いた「強固な意志」とは、この目標設定がなされた後にこそ威力を発揮するのである。

砂浜で一本の針を見つける困難さを想像してほしい。その針が、実際に見つかるかどうかは、ひとえに「ここに針が落ちている」という確信にかかっている。「落ちているかどうか分からない、でも探してみる」という者は、「絶対に針は落ちている」と信じている者に敵わないのである。なぜなら、後者の向かう先ははっきりしているからである。

針が落ちていることを信じきった者だけが、砂浜の中から一本の針を拾い出すことができる。

まずは、自ら描いた目標をより堅く、確かなものにすること。目標そのものを疑わないこと。そして、その目標に対して「自分は必ずたどり着けるのだ」と信じきれる者だけが、実際にそこに到着できる。

そのとき必要なのが、「強固な意志」である。

一度、目標を設定したら、必ずゴールを切れると確信して進みつづけることが、より早く、より確実に前進する方法なのだ。

こうした成功へ至るためのスタートライン、そして踏み出し方、あるいはランニングフォームは、どのような成功者においても同じなのである。決まった型がある。つまり、確固とした目標も持たず、強固な意志も持たない成功者、良き習慣のない成功者というのは世の中に存在しないということでもある。

だから、この「成功へ至る歩み」をひとつのシステムとして捉え直すことが可能となるのだ。

ポール・Ｊ・マイヤーという人物がいる。

二十代でセールスマンとしての頂点を極め、文字どおり巨万の富を得る。その自らの経験を生かして開発したのがＳＭＩ（サクセス・モティベーション・インスティチュート）プログラムである。

プログラムのベースは、どうすれば成功までの道程を歩いていけるか、ということである。成功に至るまでのナビゲーターでもある。

それは、羅針盤であり、道標《みちしるべ》であり、旅行ガイドブックであるとともに、ときに伴走者でさえもある。

世界二十四ヶ国の言語に翻訳され、八十余ヶ国で数十万人のセールスパースンが人々に勧めるため世界中を飛び回っている、そんなプログラムなのである。

各界の、有名無名を問わず、さまざまな人たちがＳＭＩプログラムを活かし、成功を収めている。そうした成功例がさらなる利用者を生んでいく。

どうして、このプログラムはそれほど多くの人々に支持されるのだろうか。

プログラムの中身に鍵が隠されているのは確かだが、その周辺をも探っていくべきかもしれない。プログラムそのものの誕生までの道筋を。

そこで、まずは、プログラムの開発者、ポール・Ｊ・マイヤーじしんについて見てみることにしよう。

2　SMIとポール・J・マイヤー

ポール・J・マイヤー、一九二八年、カリフォルニア州サンテマオで、ドイツからの移民オーガスト・カール・マイヤーを父に、スコットランド人の血を引くイザベルを母として生まれた。

写真を見る限り、成長した後のポールの容貌は、どちらかという母イザベルに似ているようである。細面で目鼻立ちがはっきりしているイザベルに対し、オーガストのほうはがっちりとした、意志の強そうな顔つきである。

父のオーガストは、一八九二年に、当時はドイツ領だったコルマールで生まれている。オーガストは早くから著名な工匠について、手彫りの家具作りを学んだ。とくに、精巧なデザインを施したベッドの頭板などを作っていた。

そのオーガストが、単身アメリカに渡ったのは二十八歳のときであった。ヨーロッパの若者にとって、アメリカとは夢とチャンスに満ち溢れた土地だったのである。一方、ヨーロッパのほうは、常に政変と戦争の火種がくすぶる土地であった。

いまこそ、アメリカへ。多くの若者が、そう感じ、そして実行に移した。

オーガストは、ニューヨークのブルックリンに着き、まずは造船所に勤めはじめる。

その後、カリフォルニアに移り、職業をいくつか変えながら、ドイツでも従事していた木工仕事、キャビネット・メーカーだから、いわゆる家具職人に落ち着くことになる。オーガストにこの仕事を世話したフレッド・リンカーンこそが、実はイザベルの妹の夫であった。

イザベルはオーガストより二歳上であった。

ミシガン州にあった祖父の農場で生まれ育ち、長じてから看護婦として働くようになる。かなり有能だったらしく、ミシガンのブロンソン病院では婦長も務めるほどであった。イザベルがオーガストと顔を合わせるのは、カリフォルニアに住む妹を訪ねたときで、知り合ってから三週間で結婚に踏み切っている。すでに二人とも三十代である。それなりの分別はあっただろうから、むしろ、いかに情熱的であったか、ということになる。

なお、オーガストは二度とヨーロッパの地を踏むことはなかった。妹の一人は後にやはりアメリカへと渡ってきて、サンフランシスコで暮らしていたが、あることから仲違いをしてしまい、死ぬまで合うことはなかったという。

この両親から、ポール・J・マイヤーは多くのことを学びとることになる。

肯定的な生き方

ポール・J・マイヤーは、父親から「すべては、自分の手で生み出せる」ということを教わった。

たとえば、十一歳の少年ポールが、父に「自転車が欲しい」とねだる。裕福な家庭ならばすぐに買ってくれるだろうし、豊かではない家なら、お金が貯まるまで我慢しなさいと教え諭すだろう。

しかし、オーガストは違った。こう言ったのだ。

「買ってはならない、自分で作りなさい」

ポールは父、そして兄とともに、ゴミ置き場へと赴き、使い捨てられた自転車の部品を探すことにする。ハンドル、チェーン、車輪、タイヤ、サドル……。使えそうな部品が、いくつも捨てられていた。

オーガストは、ただ、息子たちに命令を与えただけではない。壊れた部分の直し方、車輪のスポークの付け替え方、ペンキの塗り方、タイヤの修繕法などなど、いろいろな知恵も与えてくれ、ともに手を携えて自転車を完成させていったのである。

そうしてできあがった自転車は、売られている物に比べてけっして遜色がなかった。新品の自転車を買ってもらっていたら、味わうことがなかっただろう大きな喜びに、ポールはひたることができた。苦労の末に手に入れたものほど、得る喜びも大きいのである。

後にポール・J・マイヤーは、こう語っている。

「私が父親から教えられたことは実に多い。手を使うこと、頭で考えつくものなら何でも作れるということ、つまり創造性。また労働の価値、忍耐、誇り、そして組織的な事業の必要性といったことを教わったのです。このような訓練は困難かもしれないが、有益なものです」

ポールの母親、イザベルは優しい性格の女性だった。まさに「聖母のような」という比喩がぴったりと当てはまる、そんな人であった。

彼女のモットーは「いいことは覚えておき、悪いことは忘れる」というものである。だから、基本的には周囲の人間すべてを信用し、悪人などこの世にいないという考えを抱いていた。

母が声を荒らげたところを見たことがなかった。ポールが母のことを思い出すとき、常に暖かい口調と笑みが伴っていた。

母について、ポール・J・マイヤーはこう語っている。

「母はガンジー同様、絶対非暴力主義者でした。母の友人たちも、私の先生たちも、それからボーイ・スカウトのマスターもみんな、母が誰よりもキリストに近い人だったと私にいっていいました。そして、母はいつもほほえんでいて、母にほほえむのをやめさせることなどは不可能でした。父が感情を爆発させたり、悪態をついたりしたとき、私は母に『何かいいたいことはないの、お母さん』と聞きましたが、母は静かに『何も言うことはないのよ』と答えるのでした。私は母がなぜいい返さないのか、本当にわからなかったので、『お母さん、怒ってないの』と聞くと、『ええ、怒ってなどいませんよ』と穏やかに答えるのでした。母は肯定的な生き方の、本当の手本でした。いつも弱さより強さのほうに目を向けていました」

月収八十七ドルからのスタート

ポール・J・マイヤーはハイスクールを卒業した一九四六年、カリフォルニアのキャンプ・ビールで兵役に就く。以後、十八ヶ月にわたって軍隊生活を送り、兵役を終えた後はサンホセ・カレッジに入学する。しかし、大学の講義も生活もポールには何の魅力も感じられなかった。

九十日、ほぼ三ヶ月後、彼は退学を決意する。

中退後、まず、ジョージア州のコロンブスへと向かい、彼の地で生命保険のセールスマンの職を得る。一九四八年、十九歳だった。

それ以前から、ポールには自身の天職は「セールスマン」だろうという予感があった。それは、セールスという行為が、単に買い手と商品だけで成り立つのではなく、売り手の知識、販売技術、性格などにも関係してくるからである。「物を売る」とは、売っている彼じしんを問われることにほかならなかったのだ。

ただ、希望に燃えていたポールも、あえなく挫折してしまう。就職した生命保険会社をクビになったのだ。それも三週間で。

適性試験で、彼は内向的と判断されてしまう。セールスマン向きではないという判定である。

ポールには、軽い吃音症があり、そのため自らがどんどん喋るより、相手の話を聞くことのほうに力を注いでいたのだ。先輩とともにセールスに出向くと、話すのは常に先輩であり、ポールは多くの時間、沈黙していた。そうした姿勢もまた「内向的」と判断される原因だった。

その後、ポールは知り合いの紹介により、別の保険会社の外交員として勤めることになるが、けっして打ちひしがれていたわけではなかったようだ。新たな職場で「年間で百万ドルを売り上げよう」という目標を設定した。これは、願望ではない、目標である。

普通のセールスマンの三倍の人数の客に会っていった。そして、昼休みも休憩時間も惜しんで、客と会いつづけた。初めは、たくさん会ったからといって、すぐに売れるわけではなかった。下手をすると、十四人に話をして、やっと一人に売れるという有様だった。だから、九ヶ月間は月収が平均すると八十七ドルである。

当時はベッドルームだけの家賃二十五ドルの部屋に住み、キッチン、バスルームも共同で使用していた。この部屋さえ、家賃の前払いができずに追い出されたのである。

彼のセールスぶりは、たとえば次のようなものであった。

新たな職場の上司とともに黒人居住区へと赴く。そこで、車から降ろされ、一人でセールスをして回るよう申し渡されたのである。申し込み用紙と保険証書だけを持って。

ポールは途方に暮れ、歩道の脇に腰を下ろす。どうしたらいいのか？　周りを見渡すと同じような家が並んでいる。とにかく家々を訪ねなければ、目についた一軒の家を訪問する。

その家からは、中年の黒人女性が出てきた。彼は、帽子をとって仕事の内容を話す。ついでに、ここが初めて訪ねた家だということも説明した。

その黒人女性は、とても良い人だったのだろう。ポールの話を聞くと、家に招き入れてくれ、そして保険に加入してくれたのだ。これが彼にとっての販売実績第一号だったのである。

ポール・J・マイヤーは、この経験から、熱意と正直さに優る技術はないと思い知る。

とにかく、九ヶ月間は、めげず、挫けず、諦めずに歩きつづけた。何マイルもの道程を歩いて帰ることもあった。そんなとき、必ずその日の販売方法を振り返り、反省点を見出すようにした。

彼の謹厳実直さが実を結ぶのには、時間が必要だった。九ヶ月を過ぎると、彼の実績は急速に伸びはじめた。入社一年目を過ぎるころには、ポールはトップセールスマンになっており、月収も三千ドルに上がっていた。

後にポールは言っている。「あらゆる失敗の原因の九〇パーセントは、それを放り出すことにある」と。

ポールが気づいたのは、実績が上がるにつれて、さらに勢いがつくということである。自信に満ち溢れ、その姿が相手の気持ちを動かす。「買ってもらうのは自分自身のイメージ」であることを学んだのだ。

ここから一気にSMI設立へと話を進めてもいいのだが、それではポール・J・マイヤーという人物の一面しか伝えられない。陰影のある横顔を表すには、いまひとつ、彼の陥った難局を記しておかねばならないだろう。

SMI設立を決意

トップセールスマンとして君臨すると、当然、いろいろな会社からヘッドハンティングの声がかかる。

フロリダ州に新たに設立された保険会社の販売部門責任者が、ポール・J・マイヤーを招聘することにした。条件は販売の独占権と会社の持ち株一割を購入できるというもの。つまり、ある程度は経営に参画できるということであった。

企業家的資質をもつポールだから、この仕事に就くことを承諾した。

ポールは一年間に八百三十二人のセールスマンをリクルートし、彼らが契約を取りすぎてしまったために運転資金が底を突くということさえ引き起こしてしまった。これは、ポールじしんも若さゆえの無謀な行為だったと分析している。短期間の大きなセールスに見合うだけの会社の体力があるかどうか、それを見極めておかねばならなかったのである。

さらに、とんでもないことが追い打ちをかける。

ポールを招いた共同経営者は、会社の資金を横領しており、さらにある日突然、会社の備品すべてを奪い取って、雲隠れしてしまったのである。机からキャビネット、ソファー、何ひとつ残っていなかった。

さすがのポールも衝撃を受ける。

会社の役員たちは、さまざまな訴因で起訴され、なかには自殺をはかった者もいた。

ポールはセールスマンとして雇われていただけで、役員ではなかったのだが、自ら連れてきたセールスマンたちが大勢いた。彼らへの道義的責任は残されていた。

弁護士からは、何の法的責任もないのだから、速やかに会社から立ち去るよう忠告を受けたが、ポールは会社に残ることを決意する。そして、不動産や債権などをすべて換金して、負債を返していった。もちろん、それだけでは足りないので、ポールに共感してくれた同僚たちとともに一年半にわたって無給の状態で働きつづけた。また、自らリクルートしたセールスマンに、次の職場を斡旋した。

けっきょく、この会社は別の保険会社が買い取ることにより、ポールたちが獲得した保険契約も継続することになる。

この問題が一段落したとき、ポールは二十九歳であった。トップセールスマンとして頂点に立ち、大金を稼いでいたときから、わずか二年後である。破産だけでなく、八万九千ドルの借金さえ抱え込んでしまったのだ。

ここから再起してきたからこそ、後のポール・J・マイヤーが存在するのだが、彼の人生の軌跡を眺めてみると、このときの経験がとても大きな意味を持っているようである。

長いこと、百万ドルの契約を目標に邁進してきた。それは、確かにポールじしんを奮い立たせて、生きる喜びを与えてくれた。しかし、その根底には、もっと精神的なもの、それは名誉であったり、友情であったり、安らぎであったりするのだが、それらがあってこその、大金なのである。それは、母から受け継いだ精神を思い起こさせてくれた。

この時期、親しかった牧師に、自分が本当に楽しかったのは、契約を取ったことじたいではなく、顧客との交流であったり、目標の設定、そこにたどり着くまでの方法などについて語り合うことだったと告げている。

その牧師は、こう答える。

「では、どうして君は人々の目標達成に協力するような会社を作らないのか？」

ポール・Ｊ・マイヤーは、この言葉に衝撃を受けた。それは初めてＳＭＩへの道程を意識した瞬間でもある。

一九五九年、ＳＭＩ始動する

牧師の言葉は一種の啓示ではあったが、すぐに動き出すには経験も知識ももっていなかった。そのとき、牧師はテキサス州で宗教に関するレコードを製作、販売しているジャレル・マックラッケンという人物を紹介してくれた。

この会社に、ポール・Ｊ・マイヤーは一セールスマンとして入社することになる。それは「ビジネスのことを知りたいなら、いちばん下からスタートしなければならない」という父親の言葉を思い出したからだ。

ここで学びたかったのは、コミュニケーション産業としての宗教レコード販売だった。つまり、保険ならばその役割はすぐに分かる。しかし、宗教に関するレコードは、セールスマンの説明や売り込みの文句でまったく印象が変わってしまう。よりセールスマンの力量が影響してくるとも言える。

まずマイアミで、商品のためのプレゼンテーションを作成し、セールスマンをリクルートしてきた。そして、この商品を売るためのシステムを考案し、試してみる。

十ヶ月間で四百セットを販売し、マイアミを舞台とするセールスマンの組織も作り上げた。このシステムがあれば、どこでも通用するはずだった。

こうした成果を手にして、ポールは社長のマックラッケンに連絡をとる。本社のあるウェイコでセールスさせてほしい、と。

本社に移り、ポールは販売組織の責任者のポストに就く。彼は、すぐさま全国各地にマイアミで試したセールスマンの組織づくりを行なった。

彼にとって、ここで働いた二年間は実に有意義であった。まず、コミュニケーション関連の商品を販売する術を学び、そうした事業の在り方を裏側から垣間見ることができた。さらには、彼の立案した販売方法をセールスマンたちに教育、指導するシステムを生み出し、自身のセールス手腕をも向上させることができた。

ポールは商品に関して、よく研究し、どのような質問に対しても答えられるよう準備を怠らなかった。そして、その答えも無味乾燥ではなく、ユーモアを交えたり、ときには感動させるエピソードを付け加えたりしていなければならなかった。

そうしたことのテクニックも、セールスマンたちに教え込んだ。

もちろん、会社の業績も二年間に大幅にアップしていた。なんと販売高一千パーセント以上の伸びというから、とてつもない数字である。ポールの年収も十万ドルに到達していた。数年前の失意の時期からは、完全に立ち直ったのである。

自らの成功と失敗の経験、そして部下や同僚に対して行なってきたレクチャーの効果、こうしたことを合わせもった事業、SMIを立ち上げようと決意したのは、一九五九年も末のことであった。ポールが、三十一歳のときである。

「何としてでも、自分の考えている成功理論をシステム化し、組織化し、一人でも多くの人たちに、大いなる人生を羽ばたいてもらいたいと思ったのです。人生を変えたいと思うことが第一、その後、SMIプログラムに従えば、まるでアイスクリームをなめて、おなかが一杯になるかのように、だんだんと進歩していくわけです。パーソナリティも変わってくる。会社も同様です。個人を改めれば会社も改まる。一人一人をモティベートしなければならないのです」

後年のインタビューで、ポールはそう語っている。

翌六〇年一月十六日、ポール・J・マイヤーは友人二人とともにSMIをスタートさせる。オフィスはガレージを改造したものであった。

3　成功のための五原則

ポール・J・マイヤーがSMIを立ち上げ、成功へ至る法則をプログラム化させたのは、いまから半世紀近く前である。その間、SMIプログラムは進化を遂げてきているし、また、目的や用途によって細分化されてきている。たとえば、人の上に立つ者、リーダーとして活躍することを目指す者には「強力なパーソナル・リーダーシップ（Effective Personal Leadership）」、企業の経営に参加する者には「経営能力の効果的開発（Effective Management Development）」、個人の人間関係を充実し拡大していくためには「パーソナル・プロダクティビティ・プランナー（Personal Productivity Planner）」、あるいは資産形成を通じて豊かな人生を送るためには「資産形成の成功（Building Fincial Success）」というように。

また、いまではSMIから派生し、家庭内教育、子どもの幸せを目指した「FMI（FAMILY MOTIVATION INSTITUTE）」も生まれている。

社会が輻湊《ふくそう》化すればするほど、成功への道筋そのものも多様化するのは当然のことだとはいえる。しかし、根底にあるものは、この半世紀まったく変わっていないのである。また、こうした各種のプログラム間でも、ポール・J・マイヤーの唱えた精神は地下水脈のように通底しているのである。

その大きな柱が、ポール自らは「百万ドルの成功計画・五則」と呼び、普通は「成功への五原則」といわれる、ある種の法則であり、戒めであり、ルールである。

一、**考えを鮮明に結晶化しよう**
一、**目標を達成するための計画を立てること、その達成期日を設定しよう**
一、**心に描いた人生の夢に、真剣な欲望を燃やそう**
一、**能力に対して、やれるのだという大いなる自信をもとう**
一、**障害や批判、周囲の状況にも惑わされず、人々が何を言っても、思っても、しようともかまわず、心に描いた計画を、強固な決意をもって成し遂げよう**

これをキリストの垂訓《すいくん》に比すのは大仰かもしれないが、何十年にもわたって、使われ、吟味され、それでもなお信じられているのだから、やはりこれは「成功への黄金律」と呼んでかまわないだろう。意識する、しないに関わらず、成功する者は、この黄金律の枠内で思考し、行動しているのである。

ポール・J・マイヤーにとっては、当たり前の原則ではあったのだろうが、その当たり前のことに気づかないのが人間であり、言葉として意識化できないのも人間なのである。

まずは、この「五原則」の中身からみてみることにする。

考えを結晶化しよう

目標を設定すること、これが何よりも先に行なわれなければならない。羅針盤のない船は、けっきょく海上をさまようだけで、陸地にたどり着くことはできない。もしも、たどり着けたとしても、どこか知らない土地であったりするのだ。

自分がたどり着きたい地点を明確にする。それが第一である。

ただ、その場合、期間を長くとるか、短くとるか、また、自分の人生の中のどの部分での目標なのかも合わせて考えねばならない。つまり、仕事上の目標と家庭生活での目標は、連携している部分もあれば、まったく別個のこともある。

そうした諸々の目標を、頭の中に浮かび上がらせるのである。そして、大切なのは、その目標を書き留めることである。ノートに言葉として、文章として、あるいはイラストでもいい、とにかく「具体的な形」として表すことが重要だと、ポール・J・マイヤーは説く。

頭に浮かんだイメージは、煙のようなもので、放っておくとそのまま消えてしまう。いくら、自分が心底から望んでいることであっても、頭の中で浮かんでは消え、浮かんでは消え、という現象が繰り返されると、いつの間にか目標そのものも色褪せてしまうのだ。私たちの心とは、惰性に陥りやすいからである。

取れたての果実が新鮮で、みずみずしい輝きを放っているように、頭に浮かび上がった目標も、鮮明なうちに書き記す必要がある。浮かんだときに、収穫するのだ。

また、書き留めるときも、できるだけ具体的な、明確な形で書き記すようにする。曖昧なままでは、けっして「結晶化」とは言えない。言葉や絵でもって書き留めるとは、自分の考えを形にしていくことである。

なぜ、こうした行為が必要か。

ひとつには、考えを行動へと転化させる際、モティベートする原動力が必要だからである。おなかが空くと食事をとりたくなる、眠くなると横になりたくなる、こうした本能の部分ならば言葉によるモティベートは必要ではない。しかし、仕事や人間関係などは、自らを動かすエンジンが必要なのである。そのとき、言葉にされた「目標」こそがその役割を果たしくれる。

もうひとつ、私たちの心から生まれた反応は、外部から戻ってくる、と言われる。これは作用と反作用のようなもので、壁を強く押したとき、壁から同じぐらい強い力で押されていて、弱く押せば、弱く押し返される。自分の思い描くものも同じなのである。

あるいは、こういうことがある。仕事でも、趣味でも、自らが興味を持っていることを周囲に話していると、そうした情報が集まってくるものだ。誰にも言わず、ひっそりと胸にしまっておくと、けっして欲しい情報はやってこない。

欲するものを、まず自分に対して鮮明にするとは、つまり、そういうことなのである。

その書き記した目標こそが、これからの自分の生き方を方向づけるはずである。あまりに低い目標ならば、常に低空飛行をつづけていくことになるだろうし、高い目標ならば、真剣に目指していくかぎり、必ず空高く飛翔できるはずである。

✦目標を達成するための計画を立てること、その達成期日を設定しよう

つづいて二つ目の原則に話を移そう。

第一の原則によって、すでにあなたは目標を立てている。極めて具体的な形で、目の前に書き記されている。

今度は、その目標に至るまでのルートを作り出すのである。

旅行をする際、時刻表を睨みながら、どの路線の、どの接続が最も良いかを考えたことがあるだろう。それと同じである。最も早く到着するルートが、一般的である。しかし、たとえば、別の地点に立ち寄る場合には、最短ルートが最良ではないことが多々ある。そして、人生とは寄り道を繰り返す旅に似ているのである。やらねばならぬ事々は多々あるし、それらにどう優先順位をつけるかもまた自身で決めていかねばならない。

だからこそ、計画が必要なのだ。

たとえば、進行の段取りを決め忘れた結婚式や卒業式を想像してみるといい。誰と誰にスピーチを頼むか、歌をどこで挟み込むかなどなど、すべて前もって流れを考えておかないと、それぞれが勝手な行動に走り、めちゃくちゃな展開となるだろうとは簡単に予想できる。計画を作ったところで必ず筋を外れていくものなのである。ましてや、無計画な状態なら、その外れ方は並大抵ではないだろう。

人生の航路でも、同じだ。ざっくりとした計画がなければ、右往左往しながら進んでいくしかない。それでは、とてもじゃないが、目標にたどり着くことなどできるわけがないので

ある。

では、どのように計画を生み出せばいいのか。

ポール・J・マイヤーは、言う。自分自身に対して正直になることからスタートすべきだ、と。目標を書き記したときのことを思い出してほしい。あのとき、あなたは自分の心の内の「本当に望んでいること」を真正面から見つめたはずである。

今度は、それと同じようにして、自分の長所、短所、持っているもの（資産）、借りているもの（負債）をすべてノートに書き出すのだ。他人に見せるものではないのだから、ウソを書く必要はない。正直に見つめ直すのである。

これは、どういう意味をもつかというと、現在地の確認なのである。目的地へのルートを描くには、目的地と現在地とがなければ点を結ぶことができない。つまり、目標だけでは計画は立てられないのである。

こうして現在地が明確になったなら、次は障害となるもの、邪魔になるものを書き出していく。これもまた正直に書き記していかねば意味がない。

これで、ほぼ地図の概略はできあがりである。次は、ルートと時間を書いていく。

先ほどの長所、資産が、どう生かされるかを冷静に分析し、目標までの道筋を考えていく。常に、書き表すことを忘れずに。

たとえば、自分のもつ資格だけでは目的に達するのは無理と判断したら、新たな資格を取得するというルートも考えられる。そして、そうなると、取得にかかる経費、それを捻出する方法が導き出される。

そして、最も重要なこと、それは「達成期日の設定」である。目的が遠大であったとしても、必ず「いつまで」を明確にしておかねばならない。なぜなら、期日を切られていない計画とはゴールのないレースのようなものである。

その期日を守るため、年ごと、月ごと、週ごと、さらには一日単位に計画を細分化し、進行状況をチェックするようにする。

心に描いた人生の夢に、真剣な欲望を燃やそう

ここまでは、具体的な行動の指針であったが、第三の原則は精神状態に関するものである。「欲望」という言い方をしているが、あるいは、「欲求」と呼んでもいいかもしれない。心の内にあるモティベーションでもある。目標に対して、どれだけ真摯に、熱烈に、また強烈に「欲しがっている」かである。

目的地までたどり着けるかどうかは、その欲望、欲求の強さ、深さ、熱さにかかっている。

欲望を燃え立たさせるのに役立つのが、先に書き留めてきた「目標」や「計画」である。文章などで視覚化されたものは、それを書いたときの気持ちや思いを蘇らせてくれる。真正面から自分の内を見つめて、掘り起こした、自らの目標。それは、たやすく捨て去ることなどできないものだろう。諦めることなどできないはずである。

ノートを広げて、自分の字で書かれた目標に触れると、新鮮で真剣な欲望を燃やすことが

できるのだ。逆に、自分のモティベーションが下がっていると感じたときのカンフル剤としても利用できる。

能力に対して、やれるのだという大いなる自信をもとう

目標、計画、欲望と挙げてきて、次は「自信」である。

すでに、あなたは成功に至る道程を歩みはじめてはいるのだが、実際の行動はまだ起こしていない。レースでいうと、毎日のトレーニングを積み、頭の中のイメージトレーニングも行ない、スタートラインで号砲を待っている状態である。目標、計画、欲望とはスタートラインに立つ前にすべて完了させねばならないプログラムだといえる。

では、レースで第一歩を踏み出し、また走りつづけるのに必要なものは何かというと、それが「自信」である。

日常のあらゆる場面を想定してほしい。人が何らかの行為に移るとき、その人は「自分はできる」と思って動き出している。コップに手を伸ばしたときは、「自分はコップを摑むことができる」と思って手を伸ばしている。「摑めるかどうか分からない」などとは考えていないのだ。「摑むことができる」と確信して手を伸ばすから、コップを握ることができる。あるいは、箸を使ったり、ペンを使ったりするのも、「できる」ということを前提に行為しているのである。

人は「できる」と思うからこそ行動を起こせるのである。

ささいなことにも「私は自信がなくて」と謙遜する人がいる。しかし、そういう人だって、けっして「できない」と思って行動はしない。そもそも、心の底から「とても、私にはできない」と思っている人は初めから何もしないのである。

そこで問題とされるのは、常に、毎日を「できる！」と思いながら暮らせるかどうか、である。

手を伸ばしてコップを取る。そのとき、指の先がコップを倒してしまうかもしれない、水滴が指を滑らせてしまうかもしれない、腕の筋がつってしまうかもしれない。不測の事故はどのようなささいな行為にでも起こりうるのである。

しかし、誰もコップを取るのに「できないかも」とは思わないだろう。その最も大きな理由は、人は一生のうちで何度も何度もコップを手で摑んだことがあるからなのだ。一度や二度は手を滑らせたことがあったとしても、たいていは摑むことができていた。だから、手を伸ばしたとき、そんな失敗の経験を思い出しはしないのだ。

経験が習慣を生み、習慣は自信を生む。そこから無理なく「できる！」という思いを湧き起こさせるのである。

目標に従い計画を作成した段階で、あなたは「できる！」と思っていたはずである。そして、その思いをバネにして、第一歩を踏み出せばいい。

次は、「私は、それができる」と思うこと、そのことじたいを習慣化してしまうのである。

「成功の大きさは、そこに費やす決意の総量に等しい」という言葉がある。障害に出会っても、ミスを犯しても、ときとして失意に身を震わせそうになっても、「私は必ず、それができる」と思い込むのである。

「できる」と思った後に行動し、そのことで一つでも物事が成就すると、自信を抱くことじたいが行動習慣となっていく。

その自信がさらなる行動へとつながるのである。

✦障害や批判、周囲の状況にも惑わされず、人々が何を言っても、思っても、しようともかまわず、心に描いた計画を、強固な決意をもって成し遂げよう

五つ目の原則。これは、苦難の道を歩くうえでの、具体的な指針である。

ポール・J・マイヤーはここで、目標へとつながる歩みの途中には、必ず障壁があると言っているのだ。何の邪魔も入らず、目標まで歩き通せることなど、絶対にありえないのだ、と。そのことを、まず、理解してほしい。

第四の原則で、あなたは「自信」を日々新たにする意味を知った。そのことで、毎日の新しい一歩を踏み出せることを。

ただ、いわば「敵」とも言うべき人、物事も現れてくる。それも、多くは突然に表出するものである。

何の準備もないときに、あなたに矛先が向けられる。傷つき、弱ってしまうだろう。次に、あなたの打ち立てた「目標」に対する批判も聞かれるようになるだろう。面と向かって反対

意見をぶつけられることだって、ある。あなたの「初心」は大きく揺らぐはずである。これは、先のような「自信」のあるなしではなく、もっと根底に位置する、生きる方向そのものへの疑義だから。

そんなとき、もう一度、強固な決意を取り戻さねばならない。ここで失敗の習慣、諦めることへの慣れを養ってはいけない。計画したことには従う、決断したことは、必ずやり遂げる、そのことを確認する必要があるのだ。

そのために、ポールは次のような手段をとるよう勧めている。

一つは、再度、「この目標から得る報酬は、私にとって価値あるものか」と問うてみる。このときも、真剣に、正直に考える。もしも「イエス」という答えしか見出せないのなら、躊躇せずに突き進むことだ。

二つ目の手段、ノートに書いた目標と計画を、折りあるごとに読み直してみる。

三つ目は、先に挙げてみた自らの短所を、いま一度見つめ直してみる。そして、改められることならば、すぐに克服するよう努める。それが契機となって、批判や反論に立ち向かえるようになる。

以上が、ポール・J・マイヤーの「成功への五原則」である。

あとは、この原則を信じきって、忠実に、真剣に実行するだけである。そこからしか、成功への幕は開かれないのである。

4　パーソナルパワーの充実

ポール・J・マイヤーは、自ら培った経験と知識を周囲に広めることに意義を見出している。だから、当然、自分の子どもたちにもいろいろなことを教え、伝えている。

その中で、ポールらしさが出ていると思われるのは「成功への心構え・その構造」と名づけられた、「言葉」の選択法である。日常で私たちが使用する言葉のうち、何を捨て去り、何を自分のものにしたらいいか、を一覧にして表したものである。

捨て去らねばならない言葉としては「私にはできない（I can't）」「やれるかな?（If）」「時間がない（I don't have the time）」「たぶん（Maybe）」「自信がない（I'm afraid of）」などの九つの言葉。

これに対して、獲得すべき言葉が、「私はできる（I can）」「必ずやる（I will）」「よい結果を期待する（Expect the best）」「理解する（I know）」「時間を作る（I will make the time）」「断乎として（Positively）」「自信がある（I am confident）」といったものである。

これを子どもたちの部屋の壁に貼り、毎日、眺めさせたのだ。長男のジムは字が読めるようになる前からこの表に親しみ、読めるようになると、今度は口に出して確認するよう教え込まれた。生活の中でも、それらのことは注意された。

ジムが、こんなことを言っている。

「父が私たちを叱るのは、私たちが『それはできない』と言ったときぐらいでした。父は、とにかく『始めたことは必ず最後までやりとおせ』と言いました。私が何度も退学したいと思いつつ、それでも法律学校を卒業できたのは、そんな父の言葉のおかげです。また、私は飛行機操縦のライセンスも取りましたが、あの辛い三十時間の訓練のときも、やはり父の言葉を思い出していました」

ジムは若くしてテキサス州で弁護士の資格を取り、家族法と刑事訴訟法の専門家として活躍をはじめた。

ポールが子どもたちに伝えたかったのは、心構えとは習慣化された思考であり、それは後天的に学んでいくものだということだ。そして、きちんとした心構えを築き上げることで、精神的、情緒的、物質的な環境をも生み出す、と言っている。

「成功とは、人が何をしたか、どう行動したかという結果よりも、その人がどんな考え方、どんな心構えの人であったか、その結果だと言ったほうが正しい」

ポールの言葉である。

何ごとかを成すうえで、最もベースにあるのは「心構え」なのである。そして、それは毎日毎日、訓練を施すことで、その人の性格までをも形成していく。

あなたの周囲にも、何かにつけてグチばかりを吐く人というのが一人や二人はいるだろう。人と付き合っても、映画や本に触れても、まずは「あそこが良くないなあ」と欠点を挙げつらうようなタイプである。仕事でも、こういう人は苦虫を噛み潰したような顔つきで事に当たる。言うことがネガティブだから、性格も陰気である。周りからは何となく敬遠され、自分でもそのことを知っているのか、あまり周囲に溶け込もうとはしない。

さて、こうした人は生まれつきの性格が暗かったがために、マイナス要因ばかりを口にするのだろうか。

そうではないはずだ、とポール・J・マイヤーは言うのだ。

その人は、何らかの拍子に「ダメだ」「できない」といった言葉を口にし、気持ちも傾斜したために、性格も陰々滅々としていったのだ、と。

ならば、矢印を逆にしてやればいい。

ポジティブな言葉を口にし、やがては当たり前のようにそうした思考法をとるようになったら、すでにその人の性格も明るく、前向きとなり、周囲に対しても活力を与えていくはずである。

ポールは、こうも言っている。

「心構えを支配する側に立つか、心構えの奴隷となるか。いずれにせよ、決めるのはあなたである。では、心構えを変革するにはどうしたらいいか。自分自身を正しく理解し、その理解を素直に受け入れるのである。明確で、冷静で、謙虚な自信の中にこそ、心構えは根ざしていくものである」

そして、次にはモティベーション力（あるいはセルフ・モティベーションと言ってもいい）というものが大事になってくる。

自己の目標まで引き上げる力

モティベーション力とは、自分じしんを目標の高さまで引き上げる力のことである。

ポール・J・マイヤーは、このモティベーション力に関して、実に多くのことを発言している。そのひとつに、真の成功者は自分じしんをスタートさせるための点火スイッチを自ら押せる人、というものがある。つまり、陸上レースの選手とスターターとを兼ねているようなものである。

言葉にしてしまえば簡単なようだが、実際に行なうのはかなり難しい。だからこそ、学校でも企業でも、かつての軍隊式トレーニングや命令方式がいまもなお重用されるのだろう。一人一人が自身のモティベーション力をもっているなら、規則や上下関係でがんじがらめにせずとも済むはずなのである。

モティベーション力とは、私たちの行動についての点火スイッチであるとともに、エンジンでもあり、ガソリンでもある。あるいは、成功へ導かせる車のキーかもしれない。

「成功する人としない人との間には、一つ相違点が見出せる。それは、成功した人すべてがもっている大事なもの、目標に向かって自分を駆り立てる力、パーソナル・モティベーションである」

これもポールの定義づけだ。そうしたモティベーション力を実践している人とは、「もっと高い、もっと価値あるものを得ようとする、意欲的な焦燥感に駆られている人」だとも言っている。

「現状では、ある種の建設的な不満を抱き、より良くしようと努力します。単なる不平は言いません。改めます。嘆きません。実行します。悔やみません。前進します。そういう人のことです」

ただ、モティベーション力も、理性的な面と感情的な面とがあるのを注意しておく必要がある。理性のほうが感情よりも高度であると捉えられがちだが、必ずしもそうではない。これはポール・J・マイヤーが挙げた例だが、猛獣に襲われたときのような極限状況では、理性よりも感情によるモティベートのほうが有効に働くこともあるのだ。考え過ぎて「身がすくむ」よりも感情から発する闘争心のほうが役に立つということでもある。そのあたりをポールは、「理性に偏り過ぎるとロダンの『考える人』になり、感情に流されてしまうとドン・キホーテになってしまう」と言っている。

自然から与えられた理性と感情のバランスを保つこと、これもまたモティベーション力を高めるには重要なポイントなのである。

心構えをモティベートする

セルフ・モティベーションではなく、他人が個人に対してモティベーション力を湧き起こさせる方法もある。たとえば、先に挙げた軍隊式のように「恐怖心」を煽って行動に移させせる方法があるし、馬の鼻先にニンジンをぶら下げるようにして動かす方法もある。この二つを交えて使うこともある。

しかし、このいずれも一時的な効果は示すものの、長期間にわたって人々にモティベーション力をかき立てることはない。

恐怖心に関していうと、叱咤や脅しなどが何度も繰り返されると、やがて麻痺し、慣れてしまうのだ。脅かしの効果も半減し、さらに脅しをエスカレートしなければならなくなる。あるいは個人個人が対抗手段として団結してしまうと、一気にこの方法は効力を失ってしまう。

ニンジン（魅力的な報酬）作戦のほうも、馬の欲求を微妙に「不足」させておかねば、効果は望めない。満腹するほどのニンジンだと、その後に走ることはなくなるし、簡単には食いつけないほど遠くにぶら下げてしまうと、今度はやる気を失ってしまう。ほどほどの位置と量を与えなければならないのだが、それが実に難しい。それに人は常に変化するものだから、いまのニンジンが来年にもニンジンとして効力を持つかどうか分からないのである。

このように、外的な力によってモティベーション力を高める方法は、そもそもが一時的にモティベーション力を高めるだけで終わってしまう。

恐怖と報酬によって引き起こされるモティベーション力は、複合して表れることも多い。より多くの報酬を得ようと努力している人は、もし仕事をしなければ自分の評判も経済的安定も、さらには自尊心さえ失ってしまうかもしれない、という恐怖心も抱いている。この場合は、二つが重なり合っているわけだ。

ただ、ポール・J・マイヤーはこういうモティベーション力の高め方も、過渡的なものとしては認めている。

では、どういう方法へ移行する際の「過渡」なのか?

それは「自己実現や自己達成という次元の高い目標へと向かうときのモティベーション力」に移っていく途中ならば、ということである。

その仕事を通して、どのような人間になりたいか、どのような人生をおくりたいか、そのことを真摯に捉え、そこに端を発したモティベーション力ならば、恐怖や報酬とは異なり、エスカレートしたり変容したり、あるいは麻痺してしまったりすることはない。それは、根本的な心構えをモティベートすることでもある。そのとき、あなたは持続性と永続性をもって事にあたることができるのである。

熱意ある欲望を持て

モティベーションの向かう先が高度な目標にしろ、恐怖や報酬といった方法にしろ、そこに「欲望」が横たわっていることに変わりはない。ポールが言うように、「成功達成の度合いは、あなたが持っている真摯な欲望の量による」のは確かである。

そして、この欲望というものが、一筋縄ではいかない代物なのも確かである。古今東西、数多の成功者を生み出したのも欲望なら、挫折し、打ちひしがれる者を作り出したのも欲望なのである。

私たちは、自らの欲望に無頓着すぎるようだ。ときにジェット機並のエンジンとなり、ときに暴れ馬のごとく危険極まりない存在としての欲望をきちんと見つめ直し、制御していかねばならない。

大事に、大事に育て上げねばならない欲望とは、活気に溢れ、私たちを成功へと向かわせてくれる類の欲望である。けっして負の領域へと誘うような欲望であってはならない。

これは、何か問題が起きたときに、はっきりと区別できる。本物の欲望とは、その問題を突破し、さらに進んでいく力のことである。負の欲望とは、問題を迂回し、目をそらさせる力である。

そうした健全な欲望をもたない人たちは常に「ほかの多くの人と比べて、いまの自分は悪くはない」と安心してしまうのである。そして、たいていの場合、そのときの状況は「ほかの多くの人と比べて」悪いものなのだ。

ポール・J・マイヤーの言葉から引いてみよう。

「活気ある欲望の炎は、深い確信に満ちた勇気をもたらす。だから、あなたは信念をもって意思表示ができるし、そのときには価値あることに対して、信念のある人間の一人の中に入れられるのだ」

偉大な宗教も、芸術作品も、発明も、すべてが個人の内の欲望の種から発芽し、生長していくのである。そうした欲望の種は誰もがもっているし、きちんと育てあげさえすれば、大きな幹になって枝を伸ばし、葉を生い茂らせるはずである。

しかし、多くの人々は自分の欲望に対して無自覚に過ぎるから、大きな木を育て損ねるのである。それだけではなく、負の欲望を育て上げてしまい、道を踏み外してしまうこともあるのだ。

ここで、欲望と表裏一体ともいうべき「熱意」についても付け加えておく。

熱意をもたない欲望には、船を推進させる力がない。だから、欲望を見つめ直すと同時に熱意にも注意を払わねばならないのだ。ポール・J・マイヤーは「熱意は生パンを膨らませるイースト菌」と言っている。

セールスマンが、自らの欲望に従い、売るべき物を人々に勧めて歩く。ポールが生命保険や宗教関連のレコードを売り歩いたように。

お客の一人一人と対面して、商品を勧める際にこそ、熱意がものを言うのである。熱意とは「強迫なき説得」の最良の方法、という言い方がある。熱意のある人とない人とでは、たとえ同じ内容のことをいったとしても、納得のされ方が違うのである。やはり、熱意のある人の言に、人々は頷く。それは、言葉よりも熱意のほうが人々に伝わりやすいし、腑に落ちやすいからだろう。

言葉が巧みで、さまざまな言い回しを得意とする能弁家と、訥弁ではあるが、自分の思いに対して熱意をもって話す人とでは、受ける印象がまったく異なってくる。

熱意に立脚した欲望だからこそ、自分自身を強力に進ませてもくれるのである。

成功への習慣をつくる

心構え、モティベーション力、欲望、そして熱意と、精神が成功に及ぼす部分について述べてきた。

これらを活かし、では、私たちはどう成功へと近づけばいいのか。

具体的な手段として大事なのは「習慣」である。

「人生で刈り取る収穫は、培った心構えと習慣によって計られる」

「まず、人が習慣をつくり、習慣が人をつくる。成功の未来へ自分を押し上げるとき、もしも、よい習慣を意識してつくらなかったら、知らず知らずのうちに悪習慣をつくってしまうだろう」

いずれも、ポール・J・マイヤーの言葉である。

また、こうも言っている。成功の習慣をつくることとは、失敗の習慣に屈するのと同様に、大変容易なことである、と。

習慣とは天性ではなく、後天的なものである。また、習慣とは偶然ではなく、それ相応の理由がある。

成功した人たちとは、成功しなかった人たちが嫌い、イヤがり、けっしてしようとはしなかった行為を習慣化した人たちだ、とも言える。

この習慣化のナビゲーターとなってくれるのが、「計画」なのである。

目標へのルート作成における計画作りの重要性は先に述べた。長距離ルートは、細分化し、短期計画としても立案しておかねばならない。

たとえば、フルマラソンを例にとると、あなたは一年後にサブスリー（三時間以内で走ること）を目指しているとする。これが「目標」だ。

現在までの記録は、やっと四時間を切る程度。つまり、けっこうきついトレーニングを課さなければならないということになる。

十ヶ月後のハーフマラソンで一時間二十分台で走れれば、その二ヶ月後のフルでサブスリーを達成できるはず、と考える。

今度は、そこからもっと細分化した計画を作っていく。

たとえば、二ヶ月に一度は十キロ・レースに出て、半年後には四十分を切れるようにするとか、月の走行距離を現在の百五十キロから二百キロに伸ばすとか、いろいろなことが盛り込める。

月に二百キロということは、仮に毎日走ったとしても一日に六・六キロ以上走らなければならない。

すると、トレーニングにかかる時間が割り出され、一日のうちのどの時間帯に走るかも決まってくる。というように、長期計画から短期計画へと微分していくことで、一日の過ごし方さえもが決まってくるのである。そして、この「過ごし方」を守っていくことが、成功への習慣化につながるのである。

ポールが言う「大旅行も第一歩からはじまる」のであり、その一歩一歩の積み重ねが、そのままあなたの「習慣」となるのである。

5　トータルパースンとしての成功

ポール・J・マイヤーが慈善事業に対して、毎年、相当額の寄付を出していることは、案外に知られていない。彼の属する教会への寄付は熱心なクリスチャンとして不思議ではないとしても、他に奨学金や青少年団体などへも多額の寄付を行なっている。

自ら、こうした慈善事業については、こう語っている。

「物質的な利益は、それ自体袋小路であり、敗北者の道である……。あなたが与えられれば与えられるほど、あなたは与えなければならない」

あるいは、こうも言っている。

「生きる目的は与え、分け、そして思考の上でも、精神的にも、また物質的にもあなた自身を増幅していくことである」

ポールには、富や金銭とは神からの贈り物であり、預かり物だという意識が強くある。この世からあの世には何ももっていけないのである。

ということに触れたのは、何も、彼の慈善事業を讃え、これなくしてＳＭＩプログラムは成り立たない、などと言うためではない。ポールのいう「成功」の型を説明するためである。

彼は、「トータルパースン（全人）」という概念を提示している。このトータルパースンをテーマにいくつもの論文をものしているのだが、簡単に言ってしまえば、一つの分野に特化して成功するのではなく、一人の人間のもつ六つの分野を同じように成功に導かねばならない、ということである。

六つの分野とは、「健康面」「教養面」「社会生活面」「経済面」「精神面」「家庭生活面」である。

一目瞭然だろうが、人間の生き方すべてまるごとを対象としているのだ。ＳＭＩプログラムでは、これら六分野に対しても、すべて目標を設定し、現状を分析し、そこに至るまでの行動計画を策定するようにしている。

どれかに偏った成功は、本当の意味での成功とは言えないのかもしれない。なぜなら、たとえば、経済面を充実させるため、早朝から深夜まで、土曜日、日曜日も出勤して働いていると、当然、家庭での会話は極端に少なくなる。また、外食が増えることで体調も思わしくなくなる。妻との諍《いさか》いも増え、不機嫌な顔つきで毎日を暮らすことになる。新聞を読む暇も作れず、仕事とは無関係の本も読めなくなる。このように見てくると、経済面「だけ」を良くしようとすると、「家庭生活面」「健康面」「教養面」「精神面」とあらゆる分野が疎《おろそ》かになってしまう。ときには、家庭が壊れたり、病気になったり、後戻りできない地点にまで行き着いてしまうかもしれない。

もちろん、そこでは優先順位がつけられねばならない。六分野すべてを、同時期に同程度に推し進めることは、理想ではあるが、不可能である。ある一定期間の中で、目標を達成することになるのだが、ある短期間には「健康面」に比重がかかったり、「経済面」に重みが置かれたりはするだろう。しかし、これも長い期間の後、俯瞰《ふかん》してみれば、六分野が均等に目標まで近づいていているべきなのである。

それこそが、ポール・J・マイヤーの思い描いていた「成功」なのだ。ひとつひとつを、ポール自身の心構え、計画などと照らし合わせながら、説明してみよう。

健康面について

かつて、四十五歳になったとき、ポールはそれまで未経験だったテニスを楽しみたいと思った。それも、けっして単に趣味としてテニスコートに立つのではなく、Aクラス（州での年代別ランキング入り）のプレーヤーになりたいという望みを抱いたのだ。

目標達成までの期間は十年間。けっして短くはないが、年齢を考えると「大丈夫」という時間でもない。ここでも、自らのプログラムと同じように心構え、行動計画を書き込んでいった。

テニス雑誌を購読し、テレビの試合中継を食い入るように見て、専門店で道具もチェックする。レッスンプロにも習い、いろいろな練習法も試してみた。

あるとき、プロのテニスプレーヤーから、こう言われたのだ。

「あなたの年齢のプレーヤーの二倍の時間をかけなければ、とても追いつくことはできないだろう」

今度は時間を作るよう努める。少し上手いプレーヤーを見つけ、彼らを三ヶ月で負かすような計画を作った。それを繰り返していくと、ポールのテニスの腕は格段に上達していった。

ポールが例に挙げる、大リーグにおける名選手の一人、タイ・カップの言葉がある。それは、「いまの野球界を見ていると、できないことを練習しようとする人は、めったにいない」というものだ。つまり、簡単にできることを練習するよりも、難しいことを練習するほうが、本当の実力向上につながるのだ。ポールは、その言葉を身をもって示すことになった。

そうやって、自らの策定した計画をこなしていき、いよいよとなってから、いくつかのトーナメント戦に出場しはじめたのだ。

目標を立ててから七年で、ポール・J・マイヤーは年代別ランキングに入ることができたのである。予定の十年より三年早い到着であった。

このテニス上達計画を実行するにあたり、ポールはとくに食事内容を大幅に変えている。なるべく肉類を敬遠し、動物性タンパク質は魚、ときどき鶏肉に頼っている。野菜と果実を多くとり、糖分と塩分を減らす。コレステロールと中性脂肪の比率を下げ、定期的な検査も欠かさないようにしている。

若いころはボディビルダーのような筋肉質の肉体を誇った時期もあったが、中年以降は細く、締まった筋肉へと変容してきている。中年太り、メタボリック・シンドロームなどとは無縁の体つきを維持しつづけているのだ。

◆教養面、社会生活面について

大学を途中で退学し、セールスマンの世界に身を投じたせいか、ポール・J・マイヤーはいろいろな分野の、さざまな本を読み漁ってきた。それは、折に触れてポールが口にし、文章に記す、譬え話に表れている。書物から得た語り口、知識、それに自らの経験を踏まえて、相手に分かりやすく説明してくれるのである。

もちろん、本だけでなく、多くの新聞、雑誌にも目を通している。これらは、とくに目標を作らなくとも、自発的にこなし、達成された事々だとも言える。

娘のレズリーが幼いころ、父と娘はこんなことを試していた。ポールはレズリーを学校に送っていく車内を聖書の文句を暗誦する時間としていたのである。父子が楽しく過ごせる時間でもあった。記憶力を競い合い、それが役にも立っていた。

そして、教養面への効果であるとともに、家庭生活面にも影響を及ぼしたのも確かである。ただ、この暗誦合戦、どうしても幼い娘に軍配が上がったようだった。こうした記憶力については、みずみずしい脳のほうが有利なのである。

社会生活面については、自らセールスマンが生きがいというだけに、膨大な数の、さまざまな分野の人間と会って、話してきた。その蓄積がある。

もともと、人間に興味があり、それゆえにセールスマンを楽しみながらつづけこれたのだから、社会生活面は肥沃な大地と同じである。

ポールと同様に、妻のジェーンも友だちと集まるのが好きなため、二人は定期的に友人たちを招待してのランチ、ディナー、テニスにハイキング、ドライブを楽しんでいる。キャンピングカーでの遠出も多く、そこでもまた友人たちとの楽しいひとときを過ごすことになるのだ。

経済面、精神面、家庭生活面について

経済面については、最も重要で具体的である。

ただ、気をつけねばならないのは、ポール・J・マイヤーが言うように、個人的な価値観と基準とに適《かな》うような形で経済面の運営もしていかねばならないということだ。それでなければ、いっときは上手くいったとしても長続きはしないからである。

ポールのポリシーのひとつに「あなたが他人にしてほしいと思うことを、他の人にしてあげなさい」というものがある。経済面において、ポールはこのこともできるかぎり守ろうとしている。可能な限り、関係した者すべてが利益を得る手段を考えていくのだ。ときに、利益を得るチャンスを逃してでも、そちらのポリシーを優先する。

当然、事業の会計もガラス張りにされ、どんな監査が入っても大丈夫になっている。

ポールじしんは「正しいから、そうする」とだけ考えているのだが、けっきょくは、こうしたルールを自らに課すことが事業に対しても、また、彼個人に対しても、有利に働くのは

確かなのである。結果的に「損して得とれ」ということになっている。

このような事業に向かう姿勢は、次の「精神面」ともリンクしてくる。熱心なクリスチャンだった母親の影響もあり、ポールもまた神への強い信仰心を抱いている。もちろん、そのこととSMIとは直接の関連はない。いろいろな場でのスピーチでも、「自分はキリスト教的な生活を満たすようにしているが、あなたたちは自身のニーズを決めてほしい」と語っている。

SMIプログラムは、世界各国、さまざまな人種、宗教に適用するように作られている。だから、特定の宗教を掲げることはないし、また貶《おとし》めることもない。

ただ、誰もが自らの精神的なバックボーンをプログラムに組み込んでいくことは勧められている。仏教であったり、イスラム教であったり、あるいは哲学であったり、倫理であったり。また、そうした事々すべてに対応できる懐の深さをもつのがSMIなのだ。

ポールじしん、たとえば慈愛の精神、博愛の心、さらには献身的な行為などを精神面での心構えに持ってきているから、キリスト教の教えを具体化していくつもりではある。

目標をもち、そこに向かって邁進する人が置き去りにしがちなのが家庭生活である。家庭、家族が、必ずといっていいほど、ないがしろにされ、そこにしわ寄せが来る。

先にも述べたように、生活の基礎である家庭が崩壊してしまっては、仮に事業が上手くいったとしても真の成功とは呼べないだろう。長い目でみると、事業にさえ支障を来《きた》すはずである。

だから、仕事や運動の行動計画と同様に、家庭生活に関する計画を立ててほしい、とポールは言うのだ。

ポールじしん、長い休暇をどう過ごすかというプランだけでなく、日々の家族との会話や触れ合いにも時間を割《さ》くよう努めている。自宅の離れにもうひとつのオフィスをもっているのも、そのためである。

娘が幼いころ、人形などをもって、ポールの部屋にやって来た。そんな娘を追い出さずに、ポールは仕事に精を出したのだという。いまでは、そんな役割を孫が担うようになったのだが。

家庭生活をけっして軽んじたり、甘く見ることなく、経済面や健康面、社会生活面と同様に対する必要がある。だから、ここでもきちとん心構え、現状の把握、そして計画と段階を踏んでいくのだ。

世の父親たちは家庭サービスとなると、「私にはできない」「時間がない」と言い逃れをしがちである。これもまた「成功への心構え」にあるように、「私はできる」「時間をつくる」と言い換えていくべきなのだ。

家庭生活での成功が、他の分野での成功を呼び込むことは確実なのである。

生涯の成功を摑め

ここでは、ＳＭＩについて概略だけを説明してきた。

ポール・J・マイヤーのいう「成功」とは、短い期間の、一瞬のものではなく、持続性のある、一生をかけて達成するものである。だから、カンフル剤のような即効性のプログラムではないし、奇をてらったものでもない。極めて真っ当な、ある意味では「当たり前」のことばかりである。

ただ、その当たり前のことができずに、成功を掴めないのが人間なのである。そして、多くの人は、その当たり前のことを「どのように」行動に移していくかが分からないのだ。心構え、目標設定、計画、実行という流れを、着実に歩んでいくことが成功に至る道程なのである。

人は、何もせずにいると、そのまま惰性のように生きつづけてしまう。「負けてもいいさ、気にするなよ」というのは、一度の慰めとしては有効だが、何度も繰り返されると、やがては「負けても平気な人」を作り上げてしまう。成功するための代価を支払うことを恐れてしまい、勝利しようという意志さえ摩耗してしまう。むしろ、負けた際には涙を流すほど悔しがったほうが、その後の活動にはプラスになるだろう。

一日も早くにスタートを切ったほうがいいのは、こうした「癖」、ひいては「悪い習慣」を断ち切るためである。

さらには、人を成功者と失敗者とに分ける差異は、思い描く「像」の違いでもある。成功者は勝利の経験に満ちているのだが、失敗者の場合には憂鬱な記憶にとらわれてしまっている。そこから脱却するためにも、早いスタートが必要なのである。

成功への道を歩きだすまでの私たちは、時間ではなく自分自身を浪費している。目標も立てず、闇雲に歩いていては、自分の位置さえ確かめることはできないのである。だからこそ、いま、ここから歩きはじめねばならない。

そのときに大切なのは、「私はできる」と信じること。ポール・J・マイヤーがよく挙げる例として、こういうものがある。コロラド・スプリングスの近くに狭くて険しい山道があり、あまりに狭いので車は入れそうもない。ここに差しかかる道路には、「通り抜けられます」という標識が出ているのだが、多くのドライバーは車を止めてしまうという。とても抜けられそうもない、と思ってしまうのだ。その後、標識を信じて通った者は、目的地までたどり着くことができる。

「私はできる」という信念は、この「通り抜けられます」の標識に匹敵するのだと、ポールは言う。そう、自分の能力を信じることからはじめればいいのである。

もちろん、成功までの道も、ときに谷底を通り、険しい山道になったりする。しかし、一気に目的地まで運ぶような飛行機は存在しないのである。

自らの羽と食べ物とを交換することを覚えたヒバリは、わざわざ動いて虫を取ることが馬鹿らしくなり、毎日、一枚一枚と羽をむしっていった。やがて、羽が一枚もなくなったヒバリは、食べ物も得られず、虫も取れなくなる。

このヒバリと同様、私たちはつい楽な近道を行こうとしてしまう。

しかし、これもまた真理なのだが、成功への近道は存在しないのである。着々と、目の前の道を毎日歩いていくのが、最短にして、最良の方法なのだ。

第2章——SMIの実践者たち

1　栄光と、どん底と——元・スピードスケート選手　堀井学氏

ＳＭＩプログラムとは、すぐに治る「特効薬」のようなものではない代わりに、一種の「万能薬」だということは言える。どんなジャンルの職業にも、世代にも、性別にも適用するプログラムなのである。

ポール・Ｊ・マイヤーじしん、誇りある一個のセールスマンと自ら名乗っているため、「セールス」の分野でのＳＭＩの効果が強く喧伝《けんでん》されているが、もちろん、事務職であっても、製造業であっても、サービス業であっても、目標設定の仕方などプログラムに則《のっと》ってしっかり行動すれば、十分に効果は期待できるのである。

セールスマンという仕事は、能力の向上が数値として表れるため、リトマス試験紙のような役割を果たしてくれているのかもしれない。

そして、スポーツマン、スポーツウーマン。実に多くのスポーツ選手がＳＭＩプログラムを取り入れている。彼らもまた成績が数値として、あるいは勝敗として明らかになるため、プログラムの効用を語りやすいという面がある。

たとえば、スピードスケートの堀井学。リレハンメル・オリンピック男子五百メートルで銅メダル。どん底からの復活を果たし、三十歳で出場したソルトレイク・オリンピックでは

惜しくも入賞を逃すものの、世界大会優勝二十七回、世界記録更新四回、日本記録更新四回と輝かしい記録を打ち立てて引退している。

彼もまた銅メダル獲得の後のスランプの時期、ＳＭＩプログラムと出会い、復活を遂げているのだ。

そんな堀井学氏のスピードスケートとの関わりや、選手時代のトレーニング法、精神の鍛え方、選手引退後の生き方などをなぞりながら、ＳＭＩプログラムをいかに活用してきたかを検証することにしよう。

目標！　白樺学園入学

堀井学氏は一九七二（昭和四十七）年、北海道室蘭市に生まれた。新日本製鉄や日本石油などの工場が並ぶ、重工業のメッカであった。

父親の治年氏は子どもの教育に対しては厳格だったようで、勉強だけでなく、運動にも精を出すよう教え込まれたり、あるいは他人の陰口、悪口を言ったときにはかなりきつく叱りつけられたそうである。

そんな堀井氏がスピードスケートを「面白い」と思いはじめたのは小学校四年のときだった。北海道の、とくに太平洋に面した地域は、たいていスケートが盛んで、男子ならアイスホッケー、スピードスケート、女子ならフィギュアスケートと、幼いころからスケート靴をつけては、氷上に放り出される。小学生ともなると、冬季の体育ではグランドに作られた自然のリンクを使うことが多かった。

だから、堀井氏も幼いころからスケートに触れていたのだが、四年生のときに同級生が颯爽と滑っているのに魅せられてしまったのだ。この同級生が地元の「スピードスケートスポーツ少年団」に入っていると聞き、堀井氏もすぐさま入団させてもらった。

初めのころは練習嫌いで、あまり滑ることなく大会に出ていたため、女の子にも負ける始末だった。

小学校六年のとき、実業団のスピードスケート大会で、後のカルガリーオリンピックの男子五百メートルで銅メダルを取ることになる黒岩彰氏（後に西武ライオンズ球団代表）の滑りを目の当たりにする。このことが、転機となった。

当たり前のことだが、二年前に同級生の滑りを見たときとは比べものにならないほど、華麗でダイナミック、そしてコーナーワークの美麗さが繰り広げられた。自分の将来像を黒岩氏に重ねていたのかもしれない。

中学に入ってから、ますますスピードスケートにのめり込んでいく。夏場は体力作りのために陸上部に入り、短距離走から走り高跳び、砲丸投げ、ハードル走と、いろいろな種目のトレーニングを行なった。成績そのものは、ごく平均的なものだったが、あくまで目的はスピードスケートにあったので、そのことは気にならなかった。

冬場は、放課後になるとバスに乗り、スケートリンクに通う毎日であった。

スピードスケートの名門校はいくつかあったが、ちょうど帯広市にある白樺学園がインターハイで総合優勝を成し遂げていたため、中学三年時の堀井氏の目標は白樺学園入学ということになった。

当時、抜群の成績を残していたわけでもなく、スケートをやるためだけに地元を離れて、スケート名門校に入りたいという息子の願いに、父親は反対する。

堀井氏も諦めない。何度も父と話し、ついに「地区大会で十六位に入って全国大会に出場できたら、行かせてやる」と約束してくれた。

それからは練習にも身が入り、三年生の冬の大会に備えていった。

大会は札幌市で開催された。五百メートルでは転倒してしまい、あえなく失敗。つづく、一千五百メートルでは、最後の気力をふりしぼり、そのときの最高の力で滑りきる。

結果は、十六位入賞。十七位との差はわずか〇・〇二秒であった。これで、目標の白樺学園に進める。この〇・〇二秒の違いが、その後の堀井氏の人生を決定づけたのである。

ちなみに、富士吉田市で開かれた全国大会では、「予選落ち」である。まだまだ、発展途上の選手でしかなかった。

◆監督・黒岩彰との出会い

高校入学後、堀井氏は合宿所となっていた監督の自宅で暮らすことになる。監督やコーチから滑る技術だけでなく、メンタルな部分も多く学んでいった。

高校では、コーチから練習法を与えられるのではなく、自ら考えて練習することを強いられた。

堀井氏はスポーツ特待生でも推薦入学でもなく、普通に試験を受けて入学している。人の何倍も努力しなければいけないと、自分でも理解していた。ここでも、初めは女子選手よりも遅く、周囲からは冷たい目で見られたりもした。

このころ、父親がゴルフのジャック・ニクラウスのイメージトレーニング用テープを送ってくれた。「模倣からはじまる」ということを再認識し、先輩たちの滑りを観察、ひとつひとつの動作を分析して、真似していくようになった。

記録も少しずつ伸びはじめる。とにかく、いろいろな練習を試してみた。中学のときと同様に陸上部の練習、縄跳び、重量挙げと、良いと思うことはどんどん取り入れていった。

こうした素直さが堀井氏の良いところなのだろう。何ごとも上達するためには、ひとつの方針を「信じきる」ことなのである。ああでもない、こうでもないと悩むのは方針を決める前であり、一度決定してしまったら、そこを突きすすむべきなのである。

堀井氏はこう語っている。スケートにおける反復練習について話した内容だ。

「(反復練習は)最初はおもしろくないでしょう。しかし、『この動作をもっと能率的にやるにはどうしたらいいか』と考え始めると、『ああ、これがもっと良いやり方だ』と気づく瞬間が増えてきます。そうなればしめたもので、反復練習が次第におもしろくなってくるはずです」

堀井氏は、ほとんどが特待生というエリート集団に混じって、少しずつ頭角を現していく。

高校二年のとき、インターハイの男子五百メートルで、ついに優勝を果たす。翌年のインターハイでも男子五百メートルで、今度は三十八秒二一の大会新記録をマークして優勝する。この大会を見ていた黒岩彰氏は、スポーツ新聞に、堀井氏のレース運び、スタートとラストスパートなどを絶賛するコメントを寄せる。そして、白樺学園を訪れ、当時、自ら監督を務めていた専修大学スケート部に勧誘する。

この出会いがまた堀井氏の進路を決めたのである。

一九九〇（平成二）年、堀井氏は専修大学に入学する。

オリンピック出場、新記録樹立

大学でも、もちろんスケート部に入部する。ここではスポーツ部の学生が入る寮で暮らすことになった。のどかな北海道から都会に出てきたため、解放感、緊張感にとらわれてしまった。そのせいか、一、二年と練習はこなしていたものの、記録は低迷しつづけていた。

その後、祖父の死や黒岩監督の叱咤激励、父親の支援などもあり、三年時からは復活を果たし、苦手だった一千メートルで大会新記録を出し優勝を勝ち取る。

大学四年時にはリレハンメル・オリンピックの五百メートルで銅メダルを獲得、直後のワールド杯でも同じ五百メートルで優勝し、まさに男子スピードスケート界の第一人者となる。

ちなみに、このころから堀井氏と競り合いはじめ、後々までライバル関係となるのが、日本大学に在学していた二歳年下の清水宏保氏である。

大学を卒業後、堀井氏は北海道苫小牧市にある新王子製紙に入社する。実業団のアイスホッケー、スピードスケートでも知られた会社である。苫小牧市にスケートリンクも持っているし、練習環境としては一級の企業であった。

その時点からは、次の長野オリンピックに向け、さらなる飛躍を目指すことになる。ワールド杯では快進撃をつづけ、一千メートルで初の世界新記録を作ったりもした。自分でも「上昇気流に乗っている」のが分かっていた。このまま長野オリンピックまで上りつづけたい、そう願っていた。

このころ、スピードスケート界に「スラップスケート」という新兵器が現れる。これは足で氷をキックするさい、かかとのエッジが靴から離れるように作られたスケートである。従来のノーマルスケートに比べて推進力がアップし、五百メートルで一秒ものタイムアップが望めるようになった。

ただ、ここで堀井氏は躊躇する。これまでノーマルスケートで好成績を残してきた。スラップスケートに乗り換えることは、それを無にするような気がしたのだ。そのため、いっとき導入を見送り、ノーマルスケートにこだわっていた。

ところが、大多数のスラップスケートを使用する選手たちはどんどん自己記録を更新して、堀井氏にさえ迫ってくる勢いであった。

悩んだ末に堀井氏はスラップスケートを導入することを決める。これは恩師である黒岩氏に「使ってみたら」と新型スケートをプレゼントされたことも契機となっていた。

それまでは上昇気流に乗り、向かうところ敵なしの感があった堀井氏だったが、スラップスケートを導入してから、逆に成績が不安定になってしまう。好成績とまったくダメな状態が交互に現れてきたのだ。そのうちに、「マイナス思考」が頭を支配するようになる。このスケート靴ではダメなのではないか。そう思って滑ると、さらに成績は悪化することになった。

スラップスケートが自分のものになっていないにも関わらず、長野オリンピック直前のワールド杯一千メートルで世界新記録を出したりもしている。

良いときと悪いときの落差が大きいことに、堀井氏は手放しで喜べなかった。そんな精神状態を反映するように、長野オリンピックでは五百メートル、一千メートルともに惨憺たる成績に終わってしまう。五百メートルでは、ライバルと目していた清水宏保氏が金メダルに輝き、複雑な思いが胸に去来した。

そして、この時期から堀井氏は長いスランプを迎えることになる。

◆スランプ脱出、三年ぶりの優勝

オリンピック後、なかなか抜け切れないスランプから脱却しようと、堀井氏はもがきつづける。そして、一九九九（平成十一）年三月、堀井氏は自らの退路を断つため、新王子製紙を退社してフリーランスのプロ選手として生きる決心をする。ＰＪＭジャパンとスポンサー契約を結び、自分の足だけで生活をしていくことにしたのだ。

そのためには結果を出していかねばならない。意気込みが変わった。

目標はソルトレークシティ・オリンピックであったが、すでに時間は二年ほどしかなかった。

ここからは、思いつくトレーニングをほとんどすべて積み重ねていった。たとえば、カーブで身体を倒すことを恐れないために、ロープで体を縛り、できるだけ外側に倒す訓練も行なった。トライアスロン選手から自転車を教わり、太ももの強化にも努めた。清水宏保氏のロケットスタートを会得するため、彼の映像を繰り返し繰り返し見た。そして、放送局のアナウンサーに依頼して、五百メートルで自己ベストを出した映像に合わせて「堀井学、金メダル獲得」の架空実況放送を吹き込んでもらい、それを常時ヘッドホンで聞くようにした。イメージトレーニングの一環である。

こうした苦労の末に、堀井氏は復活を果たす。

ソルトレークシティ・オリンピックの前年、ヘルシンキで行なわれたワールド杯で、ついに五百メートル優勝を飾ったのだ。堀井氏にとって、実に三年ぶりの優勝の味だった。

そして、二〇〇二（平成十四）年二月、ソルトレークシティ・オリンピック出場。目標のひとつを達成した。

体調も悪くなく、レース前の滑りの調子も上々だった。しかし、五百メートルの結果は十五位であった。

結果に関わらず堀井氏は、長野オリンピックの敗北とは異なり、完全燃焼した自分を感じていた。それは、どん底を脱して、ついに目指してきた晴れ舞台を踏むことができたという自信のゆえであった。

あのスランプの最中にスケートをやめていたら、そのような満足感は味わえなかったろう。結果は十五位であっても、それはかつてのオリンピックで銅メダルを取ったときと同じぐらいの喜びを与えてくれたのだ。

オリンピックでの滑りの直後、堀井氏は三十歳の誕生日を迎える。その二ヶ月後、スピードスケート引退の記者会見を開くのである。もう、すべての力を出しきり、すがすがしい顔つきで会見の場についていた。

その後の堀井氏は、ＰＪＭジャパンの代理店を経営するとともに、自分自身で使用してきた能力開発プログラムやイメージ・トレーニングの効用などを講演活動などで広め、伝えつづけている。

SMIから学ぶ

堀井氏の選手人生を眺めていると、「自信」や「ポジティブな思考」の有無がすぐさま成績に響いてきたことが分かる。

これは堀井氏自らも意識していたことで、イメージ・トレーニングを重視していったのも、そのためである。

堀井氏がＳＭＩプログラムと出会ったのは、リレハンメル・オリンピックで銅メダルを取った二年後、彼が二十三歳のときである。

この時期、オリンピックの後の虚脱状態だったのかもしれない。スランプではなく、いまひとつ乗らない状態がつづいていた。そんなときに、ＳＭＩのセールスマンを紹介されて、「ＰＳＰ」（パーソナル・サクセス・プランナー）を勧められたのだ。

心構えを変え、目標を鮮明にし、「できない」を「できる」に、「分からない」を「理解する」に、「時間がない」を「時間を作る」へと転換させ、前向きな思いを抱くことを学んでいった。

それが、先述したような上昇気流を生んだのである。実は、振り返ってみると、この時期の堀井氏のスケート生活こそが選手の生活の中で最も充実していたことが分かる。そしてこのときに「モティベーション」の重要性を再認識したのである。

本来、誰もが無意識のうちにモティベーションを抱き、育てあげている。ただ、無意識に行なっている限り、そのことを忘れ、置き去りにしてしまいがちである。モティベーションそのものの大切さを知らないからである。

堀井氏もまた、そうだった。ただ、ＳＭＩプログラムを学んでから、意識的にモティベーションを鮮明化し、高めていくことに成功している。

だからこそ、長野オリンピックの直前から陥った長いスランプ、自ら「どん底」と呼ぶ時代の原因も把握している。スラップスケートで行くかノーマルスケートで行くか、ついに決めかね、ずるずると流されるようにしてスラップスケートで試合に臨んでしまった。そのことがオリンピックのミスを誘い、その後の自信喪失へとつながっていったのである。もちろん、渦中にあっては「絶対に大丈夫」と言い聞かせてはいた。自己暗示にかけるよう努めていた。しかし、すぐに「もしかしたらメダルに手が届くかな」という弱気な願望へと堕してしまったのだ。

このどん底からの復活にはさまざまな原因があったが、ひとつには再度、モティベーションを高められたことが挙げられる。率直に現状を見つめ直し、把握し、長所と短所を、資産と負債を書き出し、そこから目標までの道程を描くというＳＭＩプログラムの常道を守っていったのである。

と同時に、トタール・パースンとしての六つの分野（健康面、社会生活面、教養面、精神面、経済面、家庭生活面）の目標を明確にし、そこでの充実を目指していった。これは、彼がフリーになりプロ選手として自立したことも大きく影響しているだろう。それまでは、企業内にあって、どこか制度に安住していたところがあったのが、プロとなってからは全体に目配りしなければならなくなったのだ。

そして、そのとき支えになってくれたのが、家族であった。長野オリンピックの前年に結婚し、どん底時代をともに過ごした妻の力があったからだろう。

家庭生活面での幸せもまた、かれにとっては大事な目標の一つになったのである。

2　「願望実現」の旗の下に――オートバックスセブン代表取締役　住野敏郎氏

一九七四（昭和四十九）年十一月二十三日。勤労感謝の日であるから、世のサラリーマンはのんびりと自宅でくつろいでいただろう。

この日、大阪府大東市にオレンジ色をバックに黒色のマークと黒文字のロゴの看板を掲げた店がオープンした。郊外型の大型店で、自動車用品を専門に扱っていた。

一見、そのころ流行《はや》りはじめた大型のスーパーマーケットかと思えたが、しかし、社名に「AUT（オート）」とついていたので、自動車に関連があるだろうことはすぐに想像がついた。

おまけに、店舗の駐車場部分には中古車販売店でよく見かけるような満艦飾の小旗が目を引き、塀には「カークーラー」「カーアクセサリー」「バッテリー」「オイル」「タイヤ」という巨大な文字が描かれているのだから、間違えようがなかった。

そう、これがオートバックス（AUTOBACS）直営第一号店である。

アピール（A）、ユニーク（U）、タイヤ（T）、オイル（O）、バッテリー（B）、アクセサリー（A）、カークーラー（C）、サービス（S）を店舗展開の中核をなす八つのキーワードから頭文字をとり、付けられた名称であった。

当時の社長、住野敏郎氏は、大豊産業という会社を経営していたが、あるきっかけから「オートバックス」の形態を思いつき、五十四歳にして大勝負をかけたのである。

住野氏は、常々、経営にSMIプログラムを導入して成功を勝ち取ったと言明していた。元号が代わり、平成に入った年には、ある講演で「いまこそSMIの決断です。これからの時代、SMIがなかったらどんな会社の経営も成り立たないんじゃないか」という発言も行なっている。

その後、バブルが弾けて、さらにSMIの必要性を認識したこともまた、彼の著書『オートバックス「願望実現」の経営』（日本実業出版社）で詳しく記されている。業績アップとSMIとは密接につながっているのだ。

このオートバックス、では、どのようにSMIプログラムを使い、成長を遂げてきたのか。

オートバックスは、いまや押しも押されもしない大手自動車用品専門店となった。テレビコマーシャルを通して知らない人はいないだろうし、車に乗らない人でも「オート、バックス〜」というメロディに乗った社名は記憶しているはずである。

二〇〇六（平成十八）年現在、直営店百七十五店舗（海外店十六）、フランチャイズ店三百五十三店舗（海外店三）、買収したオーパーズのフランチャイズ店が四店舗と関連店舗は五百を越えている。そしていま、さらなる繁栄へと向かいつつある。

その礎を築いた住野敏郎氏は……、二〇〇一（平成十三）年三月に八十歳で死去している。大往生であった。

◆自動車への憧れ

住野敏郎氏は一九二〇（大正九）年、大阪の天王寺区で四人兄弟の長男として生まれた。父親は下駄の鼻緒などを扱う履物店を営んでいたが、人が良すぎる性格は商売向きではなく、暮らしはけっして楽でなかった。店はほとんど母が切り盛りし、息子たちも仕事に駆り出された。

住野氏も幼いころからリヤカーを引いて得意先を回ったり、仕入れや集金に行かされることもあった。住野氏の記憶の中には、まだ暗いうちから働きはじめ、深夜にいたるまでひたすら動き回っていた母の姿が鮮やかに残っていた。

まだ、大阪の町中には荷馬車が走っていた時代である。そこに、時おり、自動車がやって来ては、人々の目を引いた。住野氏もまた、子どもながらに、その珍しい自動車を見ては、「いつかは乗ってみたい」と憧れていたのである。

純真だったのか、あるいは粘り強かったのか。この自動車への憧憬を後々まで持ちつづけた住野氏は、旧制の大阪市立城東商業学校を卒業した後、日本自動車というディーラーに勤めることになった。ここでは日産やアメリカの車を扱っていた。

家業が立ち行かなくなってきて、三人の兄弟の面倒もみなければならず、それで一生懸命に働きはじめた。

一九四〇（昭和十五）年、二十一歳の住野氏のもとに召集令状が送られてくる。志願した自動車隊に入れたのは、まだまだ自動車を運転できる人間は少なく、そもそも触れたことのない者も多かったからだろう。

新京（現在の長春）の第七九七部隊に配属される。通称「自動車第一連隊」と呼ばれただけあって、性能のいい車ももっていたし、畑や川や沼地でも弾薬から食糧までを積み込んで走り回っていた。

ディーラーに勤めていた住野氏は、部隊の中でも自動車のメカに詳しいほうだった。整備で不明な点があると意見を求められたり、沼地や低い山などの難所を通過しなければならないようなとき、必ず運転役に指名された。

もちろん、危険も多い。ゲリラの急襲を避け、夜中でもライトをつけずに走ったりもした。満州の冬場は、零下一〇度以下にまで気温が下がる。旧式の自動車はボンネットから棒を差し込んで手で回してスタートさせてやらねばならない。寒さのため、なかなかエンジンがかからなくなった。戦場では一刻一秒を争うのだから、こうした時間のロスは致命的である。住野氏は、夜の間、エンジンの下にコンロを置いて暖めるという方法をとることにした。これだと、すぐにエンジンがスタートできる。ただ、火災の危険があるので、そんなときは防寒具にくるまって車庫の中で寝泊まりした。

ガソリンへの引火事故や整備ミスからの事故などで、何人もの兵が命を落とした。戦地での車両整備の重要性は、現在の自動車社会でのそれとは趣を異にし、文字通り「命がけ」でなければならなかったのだ。

このような満州での生活が五年間つづいた。まさに、この時代こそが彼にとっての「教習所」であったと後に述懐している。

終戦間際、住野氏たちの部隊は満州から内地へ呼び戻され、決戦場である沖縄に移管されることになっていた。住野氏もまた福岡を経由して沖縄へ、というルートをたどるはずだった。福岡では、防空壕というより巨大な洞窟を掘る作業に従事させられた。その後、なぜか福岡に留まり、情報部隊に入ることになる。

住野氏じしん「悪運」といっているが、確かに、ここで沖縄へと回されていたら、玉砕の道をたどっただろう。

福岡で終戦を迎え、すぐさま大阪へと向かった。

焼け跡闇市からのスタート

家業を継ぐ気はなかった住野氏が、まず立ち上げたのが「末広商会」という会社だった。昭和二十二年のことである。弟の正男とともに、フォード車の部品の仕入れ販売が主たる営業内容であった。

焼け跡闇市と呼ばれるように、このころの日本の都市には焼け跡が広がり、至るところに闇市が形成されていた。商才のある人間たちが一旗あげようと集まり、異様な活気を呈していた。これは闇市だけに限らない。物資不足から、人々は欲しい物を何とか手に入れたいと願っていた。多少割高であっても、買ってくれた。この時期、仕入れの巧みさで、財をなした人たちはたくさんいる。

住野氏が目をつけたのは、当時、荷物の運搬に使われていたフォード・トラックであった。日本製のトラックはまだまだ性能が悪く、ほとんどの企業が外国製であり、その中でもフォード・トラックは最も高性能、そして高価であった。

ただ、いまと比べると道路事情は驚くほど悪い。でこぼこ道などは当たり前、大きな穴が開《あ》いていたり、石が転がっていたりした。そんな道を走る車は、当たり前だが、よく壊れる。日本製ならば、町の修理工場で直せるだろうが、外国製ではそうもいかない。とくに高価なフォード・トラックは、部品そのものが大阪では見つからなかった。

ディーラーをやっていた関係で、住野氏には東京のフォード・ディーラーとのつながりができていた。それで、足りない部品があればすぐさま夜汽車に乗って東京まで出かけ、購入するととんぼ返りで戻ってくる。

競合する商売敵がいなかったためか、注文の電話がやむことはなかった。

一九四八（昭和二十三）年、社名を富士商会に変え、その卸部門を大豊産業として独立させ、自動車にまつわる一切を取り仕切って商売としてきた。

商売の形式は、ガソリンスタンドにカーアクセサリーやオイルなどの自動車用品を卸すことがメインである。さらに、自動車の修理工場やタクシー会社に部品を販売する業務、デパートなどに置かれた自動車用品の直売店での販売業務と、大きくはこれら三つで成り立っていた。

こうした仕事を二十年以上つづけていると、限界も見えてくる。とくに、社員たちが御用聞きのようにしてガソリンスタンドや修理工場を回り、品物を売ろうと努力している姿には身につまされた。どう考えても、会社がこれ以上発展していくことは考えられない。こうした商売のやり方ではそれも仕方がないのだ。しかし、そこで腕をこまねいて見ていたのでは、経営者として失格ではないか。

追い打ちをかけるように、オイルショックを機にガソリンスタンドへの卸部門を撤退し、会社も厳しい状況に陥っていた。住野氏は悩みはじめた。

次なるビジネスのスタイルが浮かんでは消えた。

漠然と、そして少しずつ、形を取りはじめてはいたのだが、具体的な輪郭は描かれなかった。そのとき、「お客さまの目で、頭で」捉えなおすことを思いつく。ユーザーとして、自動車用品を買う際、最も不満に感じるのはどういうことか、それを見つめてみた。

当時は、自動車用品というのは、タイヤ、バッテリー、オイルはそれぞれ専門の店にしか置いてなく、また、ドライブショップと名のつくところには高級品志向の品物しか置いてなかった。だから、ユーザーはあちらこちらと歩き回り、欲しい物を手に入れなければならなかった。

ここを解消できれば、さらなる顧客を開拓し、獲得できるのではないか……、住野氏は、かつて見たひとつの店のことを思い出した。

✵AUTOBACSの誕生

一九六五（昭和四十）年、住野氏はアメリカを訪れたことがある。

それは人から聞いたGA（グランド・オート）という店のことを調べるためだった。本部はカリフォルニア州オークランドにあり、カリフォルニアを中心にチェーン店展開を行なっていた。

そこでは商品売り場であるショップと部品取り付け工場が一体化されていた。そこでは自動車用品のあらゆるものが手に入り、その場で整備までも行なえるのだ。そして、まだ日本では耳慣れなかった「フランチャイズ」という拡大方法も教えてもらった。

住野氏はGAの素晴らしさは認めつつ、まだ日本では無理かな、と思い、日々の仕事に明け暮れていた。

そして、仕事について悩みはじめたときに、この店のことが蘇ってきたのである。

「そこを訪れると、タイヤもバッテリーもアクセサリーも揃っている。お客様はタイヤや他の商品に手を触れながら選ぶことができる。さらに、取り付けピットも設け、係員が目の前で取り付けてくれる。そんな店を作りたい」

役員はみな反対した。それは、住野氏の語る理想像がイメージできないからであった。

しかし、住野氏が役員をはじめ、社員たちに理想の事業ついて説くごとに、徐々に彼の熱意が理解されはじめた。そして、社内にいくつかのプロジェクトチームが作られ、新事業は具体性をもって語られるようになった。

住野氏は、最後の総仕上げとして、新事業の「ビジュアルイメージ」を作ろうと決めた。デザインされたロゴとマーク。それを見れば住野氏たちがやろうとしていることがすぐさま浮かんでくる。どんな物を売っているのか、どんなサービスを受けられるのか。お客にダイレクトに伝わるイメージが必要だと感じていた。

住野氏は考えに考え抜き、ついにひらめいたのが「AUTOBACS」だったのだ。紙に書いた瞬間、これで決まりだと確信した。正確には、初めは「AUTOBAC」であり、ほぼ決まりだと思ったが、何かが足りない。自宅でも考えつづけ、「サービスのS」を加えることに行き着いた。

シンボルマークは六つの商品が一堂に会するという意味を含ませて作り上げた。バックのオレンジ色はカリフォルニアの燦々《さんさん》と降り注ぐ太陽のイメージである。これは、新事業に至る扉の鍵を与えてくれたGAへの敬意の意味もあった。

住野氏じしん、事業を立ち上げていく過程で、いろいろな人と話し合い、激論を戦わせ、説得したり説得されたりしながら、理念が具体へと変換される醍醐味を感じていた。

必ず成功する、そう信じ込んでもいた。

一九七四(昭和四十九)年十一月二十三日、オートバックス直営第一号店が、ついにオープンしたのである。

お客様至上主義を貫く

お客様至上主義とでもいうべき思想を住野氏はもっていた。たとえば、その思想はこういう形として現れてくる。住野氏は、オートバックスの店はタイヤ売り場を見ればその店の売上が分かると考えていた。タイヤは、オートバックス全体の売上の三割ほどを占める、重要な商品である。

もともとタイヤというのは鮮度が大切で、空気に触れていると、少しずつゴムが劣化していく。だから、当時のタイヤ店ではメーカーから出荷されたときの状態、テープで包んだまま売り場に置かれることが多かった。

オートバックスでは、それはしないようにと決めていた。テープで包んだままなら、それは「商品」ではなく「製品」である。お客様に売るものではない。直接、触って、その感触を確かめてもらってこその商品である。だから、テープを剝いで並べることにした。そのかわり、劣化を防ぐため、常にワックスを塗ってやらねばならない。何重にも手間がかかるのだ。それでもお客に喜ばれるほうを選んだ。

また、メーカーごとのタイヤ数百種類の走行実験も行なった。乗り心地や安全性、耐久性などである。そのころ、こうしたデータは皆無だった。

この実験により、お客がどのような状態で車を使っているかを聞き出すことで、それに適したタイヤを勧められるようになったのである。高速が多いならこちら、悪路を行くならこちら……というように。

この実験は、お客にとってはありがたかったが、メーカーには評判が悪かった。露骨に取引中止を言い渡すメーカーもあったほどだ。

カーオーディオでの「バラコンシステム」を考えたのもまたお客のニーズを感じてのことだった。アンプ、デッキ、スピーカーなどを、一つのメーカーの製品でセットにして売るのではなく、好みの音を作り出すべく、いろいろな組み合わせを可能にしたのだ。音にこだわるタイプのお客が増えてきたせいでもある。

これもまたメーカーのほうを向いた商売ではなく、お客志向の商売だと言える。

こうしたことの積み重ねが、後のオートバックスの繁栄につながったのだろう。

SMIから「オートバックス十二則」を策定

住野氏はSMIとの出会いについて、ある講演でこう語っている。

「昭和四十九年だったと思うが、知り合いに商売上のことを相談しましたところ、ポール・J・マイヤーさんのテープを『やってみいや』と渡されました。とにかく持って帰って、毎日聞いておけ、と。言われたとおり、毎日、聞いてみました。いやあ、一週間も経ったら、こんな素晴らしいものはないと思えた。それまで、あれもこれもと頭の痛い問題がたくさんありましたけど、このテープを聞くことで助けられました。いまでは、毎日は聞きません。これは、私じしんの聞き方の問題なのですが、たとえば去年聞かせていただいたテープと同じものを今年聞いても受け取り方が違ってきているんです。そのときどきの環境、心境によって、SMIの底にある深い味わいに対する印象が変わってきておる。だから、少し間をおいてから聞くようにしてる。とにかく、テープを聞くことによって発想は柔軟になるし、行動は速くなるし、いいことずくめです」

目標を鮮明にし、ビジュアライズ化させるということについては、シンボルマーク作りでも実行したし、後には世界一の小売業シアーズを超えるという「目標」を浸透させるため、かつて世界一の高さを誇ったシアーズタワーの写真をオートバックスの全店舗に貼らせた。目標を目に見える形で提示する、まさにＳＭＩプログラムの実践である。

また、住野氏がＳＭＩに惹かれたのは、商売上の成功をやみくもに追い求めるのではなく、人間の六分野における目標達成、つまりトータルパーソンとしての成功を標榜していたからである。

そこで、住野氏はＳＭＩのノウハウを利用し、自分独自の哲学をも交えて、昭和五十年には「オートバックス十二則」というものを作っている。

第一則　**人**が**習慣**をつくり、**習慣**が**人**をつくる。**主役**を**演**じるのはあくまで**人**である。**主体性**の**確立**こそ、**成功達成**の**大前提**だ。
第二則　**今世紀人類最大**の**発明**は、**人**が**心構**えを**変**えることによって、**自分**の**運命**を**変**えることができるという「**心**の**法則**」である。
第三則　**成功**とは、**当**たり**前**のことを**特別熱心**にやることによって、**現**れてくる**必然**の**結果**に**過**ぎない。

第四則　成功達成の三条件とは、目標設定、達成計画、そして挑戦者のやる気と力である。条件整備に意を注げ。

第七則　的を絞って狙いをつける。マイナス発想をプラス発想に置き換える。間をおく反復の効果を上手に利用する。ここにSMI方式の土台がある。

第十一則　継続に不可欠な要件は、全人格的な成熟だ。人生の六分野（身体と健康面、教養と教育面、社会と文化面、経済と職業面、精神と倫理面、家庭と家族面）**にバランスをとれた成長を目指せ。**

第十二則　仕事の中に自分の人生を見出すことができた者こそ真の成功者だ。食うために働くのではなく、働くために食うといった実感に肉迫していこう。

まさにSMIプログラムの住野流解釈のエッセンスである。

彼は、最初に「夢」を抱き、その夢を大事に大事に育て上げていくかのようなプログラム構成に同感したのだと言っている。そして、その夢の実現には多くの人の手助けが必要だということも十二分に分かっている。

まずは、お客様。これについては、先述したように、徹底してお客のほうを向いた販売を心がけている。次いでフランチャイズの加盟店（フランチャイジー）。本部ばかりが美味しい思いをするようなフランチャイズ・システムは必ず崩壊するだろうし、本部に全面的に頼りきるフランチャイジーばかりでも、やがて先細りしていく。

本部の提供するノウハウやシステムを利用して、自らモティベーションを高め、独自の目標設定を行ない、そして計画を立てられるフランチャイジーでなければ成功は望めないのである。フランチャイジーとしての成功は、当然、本部にとっての成功である。

そのことを住野氏は「願望実現」という四文字に託し、「一人一人の願望があって、責任があってこそ、全体の繁栄がある」と述べている。

フランチャイズとしての第一号店は函館に設けられた。これは、函館でカーショップを経営していた杉崎清二郎氏が直営第一号店を見て、すぐさま「やらせて欲しい」と頼んできたからである。

その杉崎氏は、こう述べている。

「それまで私たちの商売は、ガソリンスタンドに指示される下請け仕事のようで納得がいかなかったのです。でも、オートバックスはタイヤにしても他の商品にしても、自分たちが納得する商品を揃えて納得できる値段で売っていこうという姿勢がありました。だから私は、一人一人がバラバラにやるのではなくて、団結しないといけないと、早くから宣言していました」

仕事を充実させるということは、仕事に対して誇りを持てるということでもある。どんな仕事でも、そうだ。投げやりな態度で仕事あたる者は、けっきょく仕事を軽んじている者であり、最後はしっぺ返しをくらうことになる。

住野氏という人は、とにかく車が好きだったようだ。タイヤについて「私はたとえ真っ暗闇の中にいても、タイヤを触っていると気分が落ち着くと思えるほどのタイヤ好きです」と語っている。また、自分の車もなかなか買い替えず、大事に乗りつづけていた。だから、車を大切にしない社員は怒鳴られてしまう。ハンドルがガタガタだ、ブレーキが甘い、車内が汚い……。

車にまつわる仕事をしている者が、自分の車をないがしろにして良い結果が出るはずがない。

この車への愛情と、その愛情を仕事へも生かしていく姿勢こそが、オートバックスを成長させた最も大きな要因に思えるのである。

3 苦難は妙薬なり——株式会社はせがわ代表取締役 長谷川裕一氏

ささやかな宗教体験、とくに仏教への関心が強まっている。一日坐禅体験、写経体験、あるいは仏像彫刻教室などに年配の男女はもちろん、中高年のサラリーマン、さらには若い女性までが集っている。

けっして熱心な信者になりたいわけでなく、ほんの少しだけ仏教のもつ深遠な哲学に触れてみたいという欲求なのだろう。

そのことじたい悪いことではない。ただ、裏を返すと、日常が索漠《さくばく》としているからこそそのプチ宗教体験である。不景気、リストラ、給料カットといった経済的事情だけでなく、社会を覆う逼塞《ひっそく》感のせいもあるのではないか。

そんな時代、人々は精神世界に救いを求めたがる。宗教体験しかり、占いブームしかり、スピリチュアリズムの流行しかりである。

だが、精神世界による癒しや憩いといったもので安らぎは得られたとしても、現実世界に戻った際に再び世俗の煩わしさに巻き込まれ、息も絶え絶えになってしまう。そのため、また別の場へと救いを求め、という「体験巡り」が繰り返されるのだ。

心の隙間を埋めるものは、まず現実的なものではなければならない。その後に、癒しを与えてくれるなら言うことはないはずだ。

テレビＣＭ「お手々のシワとシワを合わせて、しあわせ」で知られる株式会社はせがわの長谷川裕一氏は、龍谷大学の仏教学科出身である。実家が、福岡県の小さな仏壇屋さんであり、跡を継ぐために仏教を学ぼうと思ったらしい。

しかし、氏の性格が仏教に合っていたのか、仏教的な考えを家業に取り入れ、ユニークな仏壇店として認知されるようになる。が、ある時期、それだけでは頭打ちになってしまうと感じはじめる。いつの間にか会社全体がトップダウンの経営形態に慣れてしまい、このままでは滅びてしまうと危機感を募らせたのだ。

そこでＳＭＩプログラムを導入し、自身も含めた精神的土壌の改善に努める。

一気に、社風は変化していった。さらに、十六県と拡大していき、仏壇大手製造販売会社としては初の上場企業にもなった。

ＳＭＩと仏教との融合。それは、片方が片方を支えるようにして、さらに信じて歩きつづける者をも支え、成功へと導いてくれたおかげである。

両親の教育方針で変わる

長谷川裕一氏は一九四〇（昭和十五）年、福岡県直方市に生まれた。家業は小さな仏具店、間口三間、奥行五間ほどのスペースしかなかった。

父親は小学校を卒業してから奉公に出て、自ら仏具店を開いた。無学な人だっただけに、それなりの苦労を重ねたのだろう。おまけに両親ともに体が弱く、父は肺結核を患ったことがあり、母はよく寝込んでいた。そのうちに、父は召集されて出征、母が女手ひとつで家業から子育てまでを担った時期もあった。ただ、田舎の町だっただけに、出征兵士の家族ということで、近所の方々が幼い長谷川氏の面倒をみてくれたり、バナナを食べさせてくれたりした。あまり、みんながかまってくれるので、母親が乳母車に「この子に物をあげないでください」と貼り紙をしたこともあったという。

幼い長谷川氏には、そんな両親の辛さ、苦労が痛いほどよく分かっていた。

小学校の低学年のとき、実家の前のラジオ屋の親父さんに、こう言ってからかわれたことがある。「お前のところは人が死んで儲かるからいいよな」と。

腹が立った。頭に血が上った。一度、家に戻ると、松葉箒をもってきて、それでラジオ屋の親父を後ろから殴りつけた。

親父は激怒し、両親のもとへ怒鳴りこんできた。二人はひたすら平身低頭、謝りに謝りつづけ、当事者の長谷川氏は表の電信柱にくくりつけられる始末だった。

けっして悪いことをしたとは思わなかった。くだらない中傷を浴びせたラジオ屋の親父のほうが悪いのだ、と。両親はいつも「こんな貴い仕事はない、うちの仏壇に手を合わせて拝んでくれる、ありがたいことだ」と言っていた。それが、心の芯のところに染み込んでいたのである。

両親は、自分たちが小学校しか出てなかったせいか、息子の学業には期待が強かった。やはり長谷川氏が小学校低学年のとき、精勤賞をもらったところ、父親は大喜びをし、仏壇の上に飾って、訪ねてくる人ごとに同じ自慢を繰り返した。精勤賞ぐらいで、と思わないではなかったが、父の喜ぶ姿を見ていると、長谷川氏じしんも嬉しくなってくるのだった。

いまにして思えば、両親は「誉めて育てる」「自信を育てる」ということを無意識のうちに行なっていたのだろう。そして、子どもの側も、「素晴らしい」「よくできた」と言われていくと、反抗期も経験せず、ひたすら親思いの子が育つようである。楯突く理由がないのだ。

ただ、両親ともに体が弱いことは重々承知している。いくら誉められても、両親を助けるためには高校に進学せず、家の手伝いをするのが一番だと考えていた。

そのことを父に告げると、反対された。親孝行だと思ってとにかく高校だけは行ってくれ、と頼まれた。そこまで言われると、行かないわけにはいかなかった。筑豊高校の商業科に進んだ。

当時の筑豊高校は、地域の中でもワルが集まることで知られていた。長谷川氏も、大人を箒で叩くほどに気が強い。周りに推されて生徒会長に就任した。

自分も含め、生徒たちのもつコンプレックスがたまらなくイヤだった。コンプレックスのため、悪さに向かう。悪循環だと思った。すでに壊されることの決まった校舎で授業が行なわれていたので、生徒たちは土足で歩き回り、平気でドアや窓を壊していた。

長谷川氏は「壊すから汚してもいい」のではなく、「ありがとうございました」と感謝し、ぴかぴかに磨きあげて、それから壊すべきではないか、そう思えた。

そのことを、みんなに訴えかけた。きれいな校舎にして、私たちは旅立とうではないか、と。初めは相手にされなかったが、少しずつ熱心さが受け入れられるようになる。

一人、また一人と、それまで雑巾など手にしたことのないようなワルが、床を拭き、窓ガラスを磨き、黒板の上の埃を払うようになった。ゴミひとつない校舎が目標だった。きれいになっていくと、やる気が出てくる。

根底のところには「プライドをもってほしい」という願いがあった。そんな長谷川氏の気持ちが通じたのだろう。

これを機に、学校全体にまとまりが生まれ、運動会や文化祭といったイベントも活気を呈していった。

努力と継続の重要性を知る

早く学校を出て両親を手伝いたいと思っていた長谷川氏だが、あるときに転機が訪れる。友人から夏目漱石の『こころ』を勧められ、一読後、その深さに感銘を受けたのだ。自分では世のため人のため、という気持ちを強く抱いていると思っていた。しかし、そんな自分の心の深部にも、どろどろとしたエゴの塊が存在する。信頼してくれている友人さえ裏切りかねない、そんな自分である。

そうした人間の奥深さをもっと知りたい、学んでみたい、そう考えるようになった。そのためには、大学に進み、学問に勤しむと同時にいろいろな人と付き合ってみなければならないのではないか。

家業とも関連があり、人の命を真摯に見つめることができるよう、学問として仏教を学ぶことにした。京都の龍谷大学を選んだ。

大学では、体を鍛え直そうと思い、空手部に入部。両親に似て、けっして体が強いほうではなかった長谷川氏は、みんなが三級に進んだとき、やっと五級、みんなが初段のときに三級と、常に一歩ずつ遅れをとっていた。が、けっして歩みを止めることはなかった。ひたすらコツコツと基本を稽古した。みんなよりも多く練習しなければ、とてもついていけないと思っていた。

時は六〇年安保の時代である。さまざまな活動が起こり、大学の秩序が維持できなくなりつつあった。長谷川氏は、先輩の勧めもあって、自治会長の会長に立候補する。そして、大学の正常化に努めることになった。

もちろん、かたわらでは空手部もつづけている。自治会の活動があるため、なかなか稽古に参加できない。それで、活動が終了した後、道場で一人黙々と励んだ。

そのかいあって、二段への昇進はみんなと一緒であった。さらに、対外試合では大将を任され、東京大会の準決勝まで駒を進めることができた。

長谷川氏はいまも「自分はけっして強くない」と信じている。ただ、人の三倍は基本の反復練習を行なったという自信はある。突きや蹴りといった一人でできる練習だ。試合では、相手より先にこちらの突きや蹴りが入れば勝ちだから、技を知らなくとも勝つことはできる。派手な勝ち方ではないが、勝ちは勝ちなのだ。

この部活動で、長谷川氏は基本の大切さ、諦めずに継続すること、徹底することの重要性を学んだという。

それは、あらゆる分野に活かすことができる。商売には商売の基本があるはずだ。そこを見極めておけば、きっと間違いはない……。

日本一の仏壇屋に！

大学時代、家業を意識したことがある。

それは、学園祭のときに、中央執行委員会の委員長になり、京都にある大きな仏壇屋に寄付のお願いに行ったときのことだ。パンフレットに広告をもらい、それを学園祭の費用にするのである。

　そこは京都でも一、二を争うほど大きな店、つまりは日本でも五本指に入る規模であった。そこの主人と面談し、寄付をお願いすると、「うちは、そんなことせんでも、やっていけますから」とあっさり断られた。「広告など出さなくとも注文はあるし、借家もたくさんもっているから収入も多い」と。

　しようがなく、同級生にある大きなお寺の息子がいたので、彼を伴い再度頼みに行った。すると、今度は引き受けてくれた。

　この二度のやり取りを経験して、大きな仏壇屋といえども、けっきょくは単なる商売としてしか仏壇を見ていないのだと気づいた。自分の扱う仏壇の大切さを、これだけ大きな店であっても知らずにいるのだ、と。

　このころから、改めて自分の仕事ということを考え直してみた。

　親孝行のためと、家業を継ぐことを当たり前と思ってきた。しかし、それは本当にそうなのだろうか。両親から授かった命を生き生きと、納得するようにして「生ききる」ことこそが親孝行ではないのか。

　もう一度、何を仕事とするか、人生観、世界観を確立してから見つめてみようと考えた。そこから宗教学、社会学、倫理学、経済学、哲学、史学と、何でも吸収するように努めた。模索しつづけた。

　真の世界平和というのは、西洋的思想では成就できないのではないかという気がしてきた。

キリスト教の二項対立的な考え方ではなく、東洋の共生の思想、調和によって成り立つ世界観こそが次代の人々の生き方の根幹になるのではないか。一切の、他の宗教をも受け入れ、飲み込んでいく、そんな思想。

そう考えると、戦後復興から高度経済成長に至る日本の繁栄には、仏教的な考え方がかなり生かされていることが分かってきた。どこの家にも仏壇が置かれている。朝、起きて神仏に手を合わせる。ご先祖を敬う。命の無限の力を感じさせる。家庭内に教会があるのと同じなのである。

改めて、仏壇店の仕事に命をかけようと決めた。

そして、あの京都一という仏壇屋のことを思い返した。きっと使命感などもたずに、ただ仏壇を売っているのだろう。あれなら、自分のほうがもっと素晴らしい仏壇屋になれる、長谷川氏はそう確信した。それは日本一の仏壇屋になれる、という確信でもあった。大学卒業後は直方に帰り、家業の仏壇屋で懸命に働こうと決断した瞬間でもあった。

大爆発事故でも心は通じた

直方は山間地で、売上も年々落ち込んでいた。普通ならば、他の店に三年間ほど奉公に出るのだが、長谷川氏はすぐに自分の家で働きたかったのだ。

一九六三（昭和三十八）年である。

長谷川氏が実家に戻って半年ほど経った十一月九日、大牟田市の三井三池炭鉱で大爆発事故が起きる。死者四百五十八人、負傷者八百三十九人という炭鉱史上最悪の事故であった。何しろ、二十一世紀の今日に至るまで、この事故の後遺症、障害を引きずっている人がたくさんいるのである。

事故の三日後、長谷川氏はすぐ大牟田市に向かい、労務課長に会うことができた。普通ならば部外者が会うことなどはできなかったはずだが、運が良かったのかもしれない。そこで、長谷川氏はこうお願いした。

「ご遺族にお仏壇を納めさせてください」

もちろん、労務課長は激怒する。

「あんたは人の不幸を商売のタネにしようというのか！」

普通に考えればそう受け取られると、長谷川氏も予想していた。自分が労務課長でも、そう言っただろう。

ただ、商売のことだけを考えて、わざわざ大牟田まで来たのではない。仏壇は単なる商品ではなく、「心」なのである。仏壇が遺族の精神的支えになるという信念があった。死者を供養することから、遺族の新しい暮らしがはじまるのだから。

長谷川氏の熱意が通じたのだろう、労務課長は労働組合の委員長と相談のうえで遺族名簿を渡してくれた。

異例のことだった。一業者が、このような大惨事の渦中に入り込むことなど、普通ならばありえなかった。しかし、長谷川氏はそれを可能にしたのだ。

以後、二ヶ月間にわたって大牟田に留まり、遺族のもとを訪ね歩いた。一軒一軒、お参りさせてもらい、仏壇を勧めた。もちろん、すぐ返事はくれないし、断る家庭も多い。それもまた当たり前だという思いがあったから、さらに歩きつづけた。

長谷川氏の側に「商売」だけにとらわれた卑しい心根があれば、遺族から拒否されていたはずである。が、どこの家でもイヤな顔を見せなかった。最終的に八十軒の家庭で仏壇を求めてもらった。

当時の仏壇業界では外商営業を控える風潮があったのも確かである。まさに、労務課長の言った「人の不幸」を飯のタネにしているという意識がどこかにあったからだ。

長谷川氏の行動は型破りではあったものの、仏壇は「物」ではなく「心」だという信念があればこそ、大牟田まで出向いて、遺族を訪ねることができたのだ。

ただ、そうした信念が、本当に遺族の間では受け入れられているのだろうか。仏壇が心の支えになっているのだろうか。その点については、いまひとつ確信がもてずにいた。

炭鉱事故の十年後である。直方の「はせがわ」本店に、一人の初老の女性が訪ねてきた。そして、長谷川氏を呼んでほしいと告げた。出ていくと、事故のときの遺族の一人である。仏壇を買い求めてくれた女性だった。

彼女は長谷川氏の顔を見ると、その節はお世話になったとお礼を言い、こう話しはじめた。

「あなたに『これからは女手ひとつでご苦労されるでしょう。しかし、必ず仏様が力になってくれますよ』と言われたことが、いまでも忘れられません。お仏壇の前に毎日息子を座らせて、亡くなった主人のことを話しきかせながら育てました。息子は、今年大学に合格しました。亡き夫が私たちの支えになってくれたんです。あのとき買ったお仏壇のおかげです」

このとき、やっと、自分の考えに間違いがなかったことを信じきれるようになったのである。

願えば叶う

もうひとつ、長谷川氏が仕掛けた大勝負を紹介しておく。

一九六七（昭和四十二）年、門司で西本願寺鎮西別院が新築されることになった。九州最大の寺院である。

ただ、問題が起きたと地方のニュースは伝えていた。建物は完成したものの、予算を使い切ってしまい、ご宮殿は完成せず、それなのに落慶法要は迫っている、ということだった。信徒が新たに資金集めを開始し、仏壇業者に見積もりをとってもらっているらしいのだ。

長谷川氏は、すぐに入札に参加させてもらうことにした。地元の業者が二社、京都から大手の仏壇業者が二社、合計四社が参加した。

ご宮殿は屋根の梁だけで二メートル六〇センチもあり、普通なら一年はかかる代物である。ところが落慶法要までは百十日間。業者三社は、「最低でも百八十日は欲しい」と要求した。その中にあって、長谷川氏だけが「落慶法要に間に合うようお納めします」と口にしたのである。

実は、それまでに長谷川氏はこれほど大きく、また納期の短い仕事は受けたことがなかった。これでは誰も信用してくれない。周りは「無謀だ」と非難した。

しかし、寺院側としては「間に合わせる」と言っているのだから、落札させないわけにはいかない。とにかく、やってみろ、そういうことだった。まったく勝算がなかったわけではない。

まず、当時の長谷川仏壇店は漆塗りと金箔貼りの職人に関して、ともに日本一と誇れるほどの腕を持つ人物を抱えていた。問題は、彫金と飾り金具作りの職人である。この二つの技術は京都に集中していて、仕事が立て込んでいるため、数年先までスケジュールが決まっている状態だった。

そこに入り込まねばならない。

長谷川氏は京都に赴き、京都一といわれた彫金師と飾り金具師を紹介してもらった。とにかく、ひたすら自らの想いを説明し、協力を仰いだ。信徒の募金で作られるご宮殿、何とか落慶法要に間に合わせるため力を貸してもらえないだろうか、と。長谷川氏は畳に頭をこすりつけるようにして、頼み込んだ。

二人の職人は、若き長谷川氏の熱さにあてられたのかもしれない。何と「引き受けよう」と言ってくれたのだ。

そこから大車輪で納期目指して製作がはじまった。地元の職人も総動員である。寝ない日がつづいたが、ほとんど疲れを感じなかった。そして、ついにご宮殿を完成させる。見積もりの百十日をはるかに下回る九十三日での完成であった。

願えば叶う。そのことを強く実感した長谷川氏は、以後も困難と思える挑戦をつづけていくことになる。

✡宗教用具業界、世界初の上場

長谷川氏とSMIとの出会いは古い。新しい経営理念を求めていたころに、SMIプログラムのことを知り、まさにその序章のみに触れてみた。ただ、このときのSMIへの理解は、長谷川氏自ら「誤解していた」と省みている。SMIのやり方は、自分の経営理念にとってはマイナスなのだと思い込んでしまい、遠ざけてしまったのだ。

長谷川氏が三十代から四十代、長谷川仏壇店が急成長を遂げていく過程でもあった。元気と信念とで突っ走ることで、道は自然と開けていった。

とにかく高すぎる仏壇を誰でも購入できる価格に抑える工夫を施した。そこで考え出したのが、日本初の「手作り」でありながら、スピードをもって製作にあたれる工場の設立である。その作業システムを構築した。

また、全国の方々に「はせがわ」の仏壇を求めてもらえるよう、チェーンストア展開を試みていった。それまでやり方を根本的に変革し、上意下達のきっちりとした組織作りを目指した。上司が「カラスは白い」と言えば末端までが「カラスは白い」と認識する、そんな組織である。そして、分業態勢の徹底化も図る。

過去にできあがっていたチェーンストア理論をすべて研究しつくし、そこから自分なりの回答を見出し、邁進していった。その結果が、宗教用具業界で世界初の上場だったのである。

しかし、である。狂乱のバブル経済が弾け、一気に時代はゼロ成長へと陥り、その状態が長期化していった。来年こそは、という期待も数年で薄れてしまい、ゼロ成長、マイナス成長が当たり前のようになっていく。

チェーンストア展開をしていた企業は、これまでの経営方針を見直さねばならなくなった。長谷川氏もまた、そうである。

トップダウン方式ではダメなのか？　金太郎飴のような、どこを切っても同じ顔の出る企業では成り立たないのか？　悩みに悩み抜いた長谷川氏は、かつて遠ざけたＳＭＩに再び舞い戻ることになる。

私の誇りは社員

お客が多様化していく時代に、企業の側が古い体質そのままでは生き残っていけないの必至であった。

とにかく企業の体質改善を図り、五年間の準備期間を設けて、ＤＰＭプログラムを導入する。そして、二〇〇二（平成十四）年、第四の創業と銘打った大刷新を断行した。

いつの間にか、はせがわ内には指示待ちの社員ばかりが増えてしまっていたのだ。これも徹底したトップダウンの、逆の成果であった。本来ならば上司が「カラスは白い」と言ったら、「いいえ、カラスは黒いのでは」と答えられる社員を育てるべきだったのだ。

それは、最終的にはお客をないがしろにすることにも、つながった。そう、社員の視線の先にはお客ではなく上司がいたからである。

長谷川氏は「これではいけない」と気づいた。本来の仏壇の使命、それは三井三池炭鉱で自分が口にした「安心や癒し」であるが、それをお客に与えることを忘れかけていたのかもしれない。企業規模の拡大を求めるのではなく、一人一人のお客に対して、最高の満足を与えること。また、一人一人の社員が「はせがわに勤めていて良かった」と心から思えること。その二つの柱を忘れなければ、やがては日本をも変えられるのではないか。それが、長谷川氏の夢だったのだ。

初心に帰るため、そのために導入するSMIであった。まず、自分自身が生まれ変わることが目的だった。長谷川氏にとって、六十代を目前にしての、さらなるチャレンジだった。社員全員がセルフ・モティベーションを高め、目標を明確にするよう意識を変えた。常に自らの肯定的、前向きな言葉を口にするよう努めるようになった。

成果は、すぐさま表れてきた。社員の顔つきが目に見えて変容し、生き生きとしてきたのだ。目を輝かせて抱負を語る社員たちに、長谷川氏じしんが引っ張られるかのようであった。

だから、「私の誇りは社員」と嘘偽りなく語れる。

芯がぶれなければ、失敗はいつでも取り戻せるのだ。

仏教では煩悩を除き、正しい道を歩むための方策として八つの「道」を説いている。長谷川氏は、この「八正道」をビジネスと重ね合わせ、自らの指針としているのだが、これが見事にSMIの思想と共鳴しているのだ。

たとえば、八正道の第一に掲げられている「正見」。世の中を、そして自らを正しく見ること、それがまず大切なのである。これはつまりSMIでいう自分の位置を確かめることにほかならない。資産や負債をきちんと見つめ直すことである。

次が「正思惟」、正しい決意、意思ということである。目標設定と言えるだろう。

あるいは、五つ目の「正命」。正しい生活という意味である。習慣の大切さを唱えているが、ポール・J・マイヤーの言う「習慣は天性ではなく、習慣は後天的である」、「人生で刈り取られる収穫は、培った心構えと習慣によって計られる」など通じてくる。

最後の「正定」は、周囲に惑わされない正しく安定した精神のことである。さしずめ、成功の五則の第五則、「障害や批判、周囲の状況にも惑わされず、人びとが、何を言っても、思っても、しようとも、かまわず、心に描いた計画を、強固な決意をもって成し遂げよう」を思い出させる。

それ以外の「正語（正しい言葉遣い）」「正業（正しい行ない）」「正精進（正しい努力）」「正念（正しい注意力）」なども、どこかSMIプログラムを思わせる。

いま、長谷川氏はSMIプログラムを通して、夢の実現へと歩きつづけている。

４　夢は必ず実現する――「やずや」社長　矢頭美世子氏

今後、高齢化社会がさらに進んでいくと、いままで以上に「健康産業」は伸びていくはずである。世をあげて、健康に関心が集まっていくだろう。その中から、信頼できる商品や企業を見つけ出すのはけっして簡単にはいかないだろうことも予想できる。

「やずや」という企業名は、いまや、俳優、大滝秀治のナレーションによるＣＭで知れ渡っている。香酢《こうず》の製造法、品質のみを淡々と伝える内容は、大滝の渋い声質と相俟って、妙に記憶に残るのである。

上手い作りであるとともに、どことなく「信念」のようなものが感じとれるのも確かだ。

現社長、矢頭美世子は、創業社長の宣男の妻である。

一九九九（平成十一）年にその宣男が脳出血のため死去。五十五歳という若さであった。そのとき専務だった美世子が、急遽、社長に昇格する。

トップが替わったことで社業に影響が出るかと思われたが、むしろ災い転じて福となすの言葉どおり、一段と飛躍を遂げることができたのである。

その秘訣とは……、宣男と美世子との「おしどり」経営がベースにあり、そこにＳＭＩの考え方が加わったおかげではないか。まずは、やずやの成り立ちから見ていくことにする。

◆妻美世子との運命の出会い

矢頭宣男は福岡県築上郡吉富町で精米所を営む家庭に、長男として生まれた。子どものころの夢は中学校の教師であったという。それで高校卒業後、熊本大学教育学部に入学する。ところが、周囲の学生を見渡すと、他の大学や学部に落ちたため、やむなく教育学部に入った者ばかりだった。何としてでも教師になろうという学生は、僅かしかいなかった。

それでも自分の道を突き進むという方法はあったかもしれない。しかし、やる気のない人間の中にあって、一人だけ頑張るのは至難の業だった。宣男は大学を辞め、別の道を模索することにした。

二浪後、長崎大学商学部の夜間部に入る。実家はそれほど豊かではない。二浪するだけでも負担をかけていた。宣男は、日中はヤマハのオルガン、ピアノのセールスで生活費を稼ぎ、夕方から大学に通う生活をつづけた。卒業が近くなり、就職先を探そうかという時期、懇意にしていた教授に「もっと勉強してみないか」と勧められる。教授は同志社大学経済学部がいいと教えてくれた。

宣男は試験に受かり、同志社大学経済学部の三年生に編入することになる。もちろん、経済状態は変わらない。この京都時代にも市営バスの車掌をしながら大学に通った。

宣男にとって常に、学ぶことと生活の糧を得ることとが平行していたのである。

二十五歳で大学を卒業、宣男は大和ハウス工業に就職する。東京へ転勤し、ここで大和ハウスの展示場に勤めていた美世子と出会うことになる。展示場の所長が彼女の叔父であり、その叔父が宣男のことを可愛がってくれた。

宣男と美世子との付き合いは、どちらかというと宣男のほうが積極的だったようだ。初めてのデートの日に、プロポーズしているほどだから。

付き合いの中で、とにかく宣男は自分の夢を語っていった。美世子も、そんな姿に惹かれていき、結婚を承諾する。

宣男が父親に結婚したいということを伝えると、父は「お前が選んだのだから、きっといい娘さんだろう」と言って祝福してくれた。父は、宣男が大学を辞めときも「お前が納得できる人生を歩めば良い」と、貧しかったにも関わらず浪人することも許してくれた。

親に信頼されて育った子どもは、他人を信頼できるようになる。不信が立ち込める家庭で育った者は、たやすく人を信じないし、自ら心を開くことがない。

宣男の父親は、言葉ではなく、自分の生きていく姿勢で、そして後ろ姿で子どもに多くのことを教えていったと言える。

夫婦二人、八坪からのスタート

二人の結婚生活は、六畳一間のアパートからスタートした。一九七一（昭和四十六）年当時、部屋代が二千円だったという。時代を考慮しても、安い。どのような部屋であったかは、そのことから想像できようというものだ。

宣男は、仕事に対して真摯であった。しかし、それがときに空回りすることもある。方針や方向づけに異論があると、たとえ上司であっても意見をした。上司には上司の思惑があったのだろうが、そこまで目配りする余裕は、当時の宣男にはなかった。

大和ハウス工業に入って三年が過ぎたころ、あまり周囲と衝突がつづいたせいか、宣男は退社することを決意する。とくに、先行きに希望があったわけではなく、とにかく、そこに居ることがイヤになったのだ。熊本大学教育学部を辞めたときと、その状況は似ているかもしれない。

少しの間、神奈川県の小さなボーリング場のマネージャを務めるが、すぐに辞めて、東京を離れる。実家に近い、下関で歓楽街にあった大きなクラブの副マネージャーの仕事を見つけたのだ。しかし、ここもすぐに上司とぶつかり、辞めることに。

人に雇われて仕事をすることが、どうも自分には向いていないと気づきはじめる。

そこで商売をはじめることにする。最初はスポンジでできた簡易靴みがきのレンタル業である。ホテルを回って注文を取るのだが、ほとんどレンタルの依頼は受けられなかった。次は、保険の外交員がお客に配る粗品の販売。五十円、百円という品物だったので、よく売れたという。ただ、売れることは売れるのだが、余った不良在庫も増えていく。

貯金を切り崩していき、やがては底をついてしまう。やむなく美世子もヤクルトの配達員をはじめることになった。すでに二人の幼い子を抱えていたのに、である。

宣男は結婚式の司会の助手をしながら、自分の進むべき道を探していた。商売がしたい、しかし、何を売ればいいのかが見えなかった。

ある日、健康食品販売の仕事をしないかと声がかかる。営業だ。宣男はすぐに仕事に就いたのだが、これが健康食品との初めての出会いだった。そして、宣男の、ということは矢頭夫婦の将来を決定づけることになるのである。が、もちろん、そこから先の道のりも平坦ではなかった。

一九八〇（昭和五十）年、二人は福岡県飯塚市に移り、ここで健康食品を扱う仕事をはじめる。八坪の事務所を借り、二階を住まいに使っていた。

事務員を雇う金もなかったので、夫婦二人で仕事をこなした。宣男には会社から給料が三十万円出ることにし、美世子のほうは無報酬であった。

宣男は三十万円のうち十万円を実家に仕送りしていた。そして、十万円を前の商売でつくった借金の返済に充て、残りの十万円で家族四人が暮らさなければならなかった。

後に美世子はある講演で、こう語っている。

「あのとき、自分の心に鬼がいるのを感じました。夫の実家に送る十万円が『惜しい』と思えてならなかったんです。そのお金があれば、どれだけ生活が楽になるのか、と。でも、すぐに『そうじゃないんだ』と気づきました。役員報酬を払えるぐらいに仕事を伸ばしていけばいいんだ、そういうふうに発想を転換しなければいけないんだ、そう思いました」

美世子の無報酬状態は二年間つづいた。

やずやの胎動

初めは少しずつ、あるときからは急激に、仕事は上昇カーブを描きはじめた。代理店をいくつか置けるようになり、本社を福岡市に移転することもできた。社員も増えていき、宣男は自信を得ていった。それまでが失敗つづきだったせいだろう、反動が大きかった。自信が過信になり、やがては驕りへとつながる。

「おれは商売の天才だ」

そう信じはじめていたし、公言もしていた。

仕入れ先から頼まれて手形を割り引いたのは、そんな自信のなせる業だった。その手形が落ちず、借金だけが残ってしまう。さらには、その仕入れ先が倒産、扱う商品も手に入らなくなってしまった。

焦りと同時に、異様に膨れ上がった「自信」も頭をもたげる。いくらでも取り戻せる。マルチ商法に手を出し、また、いくつかの怪しい話にも乗ってしまい、毎月の赤字が膨れ上がっていった。

社員もやる気をなくしていったのだが、そのことに宣男は気づかない。

ついに、親しい友人が激しく忠告してくれた。「何をやってるんだ」と。そのころ、妻の美世子は家に入り、自宅のそばでパン屋をはじめていたので、宣男の窮状を知らずにいたのだ。

友人の忠告で目がさめたのは良かったが、膨れ上がった借金を返すにはやっと手に入れた土地や家屋を売らねばならなくなっていた。

宣男は美世子に、再び仕事を手伝ってくれるよう頼んだ。美世子はすぐさま家と土地を売り払い、社員の退職金と借金返済を済ませる。そして、本格的な二人三脚の経営に乗り出すことにした。

このとき宣男は四十四歳である。

宣男と美世子は、パートの女性一人を交えて「やずやの経営計画書」を策定した。

この後、店舗での販売形式を通信販売へと切り替える。そして、手づくりのチラシ、パンフレットを宣男、美世子、さらには子どもたちまで駆り出して、団地や家々のポストに入れる作業をはじめた。注文が来れば、今度は新聞の折り込みチラシを頼んでみる。

扱っていたのは、あしたば、クロレラ、ヨモギなどなど。中小企業ではコンピュータの導入など考えられなかった時代である。お客一人一人のカードを作り、さまざまなデータを書き込んでいった。いまだとデータベース化できることを手作業として行なっていたのである。ただ、このきめ細かさが、後々のやずやの屋台骨を支えることになる。

商売の範囲は福岡県全体へと広がっていった。

マイナス想念の追放　さあゆこう

希望する人には試供品を送る、自社製品としての「養生青汁」を作り上げる、他社と同じことはしないという宣男の信念は次々と新機軸を打ち出していった。

商売を立ち上げた年の年商が六千万円。それが二年後には三億円に膨れ上がった。

通信販売の利点を生かし、新聞の折り込みチラシを東京でも行なうことにした。ここで試供品希望の連絡が一気に増加し、それはそのまま売上増につながっていったのである。やがて、初めての自社ビルが誕生し、社員も増えていった。

このころ、モーニングセレモニーと称して、毎朝社長以下が大声で唱和していたのが、次のような文句である。

①「マイナス想念の追放」
・**他人を批判しない**
・**他人の悪口を言わない**
・ねたみ、**怒り**、**悲しみ**、あせりすべていけない
・こうしたら**悪い**ことが**起**こるんじゃないかと**思**ってはいけない
・ぐち、**不平**、**不満**、**恐怖**すべていけない
・**人の悪口**、ぐち**話**を言っているグループに**入**らない
・マイナスの**気**を**避**けて、**常**にプラスの**想念**を**持**つ
・マイナスの**気**を**自分**の**周**りから**追放**するために、**努力**して**明**るく**笑**うようにする

②「さあゆこう」
・プラスの**言葉**だけを**使**う

今から一日が始まる
私のための今日が始まる
昨日までのマイナスは全て解決される
今日はいいことが、次々と起こる
今日は思ったことが実行できる最良の日である
たくさんの人が私を待っている
今日もがんばるぞ！

そして宣男は社長室の壁や天井など至るところに、気に入った言葉や好きな写真、絵などを貼りつけていた。やりたいこと、理想を自分の近くに置いて、毎日のように眺めていると、やがて実現すると語っている。

こうした事々は、まさにＳＭＩプログラムの実践でもあった。

実は、宣男と美世子は、良き経営者になりたいとＤＰＭをはじめていた。夫婦で学んでいこうとしていたのだ。仲間の経営者とともに早朝勉強会を毎週一回行なったりもしていた。

ＳＭＩの三十周年式典に夫婦で参加したときは、ポール・Ｊ・マイヤーの「人々のためになる良い仕事をしていると信じなさい。自分は変われるのだと信じなさい」という言葉に感銘を受けた。

とにかく宣男はどこに行くのにも美世子を伴った。宣男のことを恐妻家で妻の尻に敷かれているとかから声もあったが、そんなことはまったく意に介さなかった。二人で決めたことを二人で実行していく。それこそが真のパートナーなのだと、宣男は心の底から思っていたのだ。

自社ビルを建てて二年も経つと、もう手狭になってしまった。決断は速い。もっと広いビルを購入することにする。

新しい本社ビルは、それまでの三倍の大きさ、六階建てであった。

◆「熟成やずやの香醋」誕生

世に出回っている商品にしても、事業にしても、成功したものが残っていくから、すべてが上手くいったかのような錯覚を覚えてしまう。が、どんな企業であろうと、いくつもの失敗例は抱えているし、やずやでも、売上が伸びずにけっきょく断念した商品がいくつかある。そうするうちに、主力の商品というものも限定されてくる。四番打者のような商品だ。

現在のやずやでは、さしずめ「香醋」が、それだろう。これもまた宣男のアイデアによって生まれたヒット商品である。

宣男は以前に売り出した「純玄米酢」が、毎日飲むのには手間がかかることで失敗したことを記憶していた。何とか酢をカプセルに入れて飲みやすくできないものかと考えつづけていたのだ。やずやには、それまで「にんにく卵黄」というヒット商品があった。こちらはソフトカプセルに入れることに成功している。粉末にしたものを油で溶かして詰めてやるのだ。

ところが酢の場合、一度粉末にするために水分を飛ばすと固形物が残らないのである。いろいろと試してみたが、だめだった。

そんな、ある日、中国にあるもち米とモミガラを甕《かめ》で自然発酵させた香醋なら、ソフトカプセルに詰められることが分かった。

早速、宣男は中国に飛び、交渉をはじめたのだが、何しろ三百年の歴史ある製品である。伝統的な製法を教えることはもちろん見せることもできないと言うのだ。

日本の黒酢の十倍以上のアミノ酸が含まれていることも分かり、宣男は香醋に命をかけようと決意する。必死の思いで製造工場に通い、説得にあたった。

その熱意が相手の心を動かした。

製造過程を見せてくれることになった。

ここから「熟成やずやの香醋」が誕生したのである。そして、いまや、やずやの代名詞ともいうべき商品にまで成長した。

念願の商品が完成し、いよいよ全国の消費者に真価を問おうとしていた矢先、宣男が急逝してしまう。脳出血、本当に突然の死であった。

人に感動を残すことが仕事

宣男の死は、美世子の人生をも変えることになった。

とにかくショックであった。両親の介護などを経験し、介護のプロを自認していたのだが、夫の病気も察知できなかったことが悔しかった。だが、自分が社長を引き継ぎ、会社を運営していかなければ、立ち行かなくなることも理解している。

不整脈と高血圧に悩まされ、歩いていても斜めに進んでいくのが分かった。しかし、弱音は吐かなかった。

そんな美世子の支えになってくれたのが、子どもたちであり、社員たちであった。社員の一人一人が、美世子に負担をかけないようにと、主体性をもって働きはじめた。私ぐらい不幸な者はいないと落ち込んだこともあったが、勇気と力をもらい、少しずつ立ち直っていった。

企業には文化がある、それは宣男が語り、思い描いた企業像でもある。それをきちんと残そうと、宣男の言葉や思いを満載した社史を作成した。

タイトルは「夢は必ず実現する」である。宣男が言葉どおりに命をかけた香醋に多くの力を注ぎ込むことにした。

自分は宣男のようなタイプの経営者にはなれない。しかし、主役である社員を気持ち良く、元気をもって働くように演出することはできる。全員参加型の企業となるように、売上などを誰もが閲覧できるようにデータをオープンにした。

とくに若い社員には成功体験を覚えさせるため、小さなチャレンジを行なえるプログラムを用意した。自信をつけさせ、そこからアイデアが生まれてくる。良いと思えたアイデアはどんどん採用した。

SMIのプログラムを全社的に導入し、勉強会を頻繁にもつようになった。中期、長期ビジョンを掲げ、自分がどこまでたどり着けたを、常に判断するようにした。

美世子はいま「人に感動を残すことが仕事」と実感している。誠実に対応し、生産者の思いを伝えるようにする。

年間の売上二百六十八億円、社員がパートを含めて六十名。宣男が常々言っていた社長の器という言葉を、いま改めて噛みしめている。

「素直であること、卑しくないこと、夢を語ること」

5　女性経営者の草分け――ユリ・インターナショナル取締役社長　税所百合子

いまや、どのような業界も女性の力なくしては成り立たなくなっている。職種によっては、トップレベルには女性が君臨し、男性がサポートに回っているところもある。女性の力を軽視していては、これからの厳しい企業間競争に立ち遅れることは必至なのである。

といっても、こうした状態が当たり前となったのはここ十数年、いや、数年のことではないか。いくら女性が実力を示そうとも、常に脇役に甘んじなければならなかったり、そもそも門戸が閉ざされていたり、そんな状態が長くつづいていたのである。本当に自分のやりたい仕事に就けるというのはある種の僥倖でしかなかったし、ましてや、責任ある地位に上るというのは一握りの人たちだけが可能であった。

もちろん、そうした仕事における男性優位の考え方が、完全になくなったかというと、そうとも言えない。あらゆるジャンルで、陰に陽にまだまだ根強く残っているのも確かなのである。

一九五五（昭和三十）年、まだ三十歳にもならない女性二人が、黎明期のテレビ業界を相手に広告会社を立ち上げた。

それから地道な努力によって放送界での地位を固め、会社も拡大していくのだが、この女性たちは主婦として、母親として、そして妻としての務めをも全うしながら仕事をこなしていった。

その一人が、現在はユリ・インターナショナル取締役社長の税所百合子である。

彼女もまた、ＳＭＩプログラムを学び、自らの仕事だけでなく生き方の内に取り入れることで成功をおさめたのである。

けっして平坦な道ではなかった。事業、そしてプライベートで、いくつもの苦難、失敗、不幸に襲われ、そのつど障壁を乗り越え、今日に至っているのである。そんな彼女の行動する際の指針となってくれたのが、ＳＭＩプログラムであった。

かつて彼女が訳した本に、アメリカのベストセラー『キャリア・ウーマン』がある。一九七八（昭和五十三）年のことだ。この本もひとつの契機となって、日本でも「キャリア・ウーマン」という言葉が流行し、やがて定着する。

この本の出版時期が女性の社会進出におけるエポックであったのかもしれない。そんな背景があったればこその流行語である。そして、何よりも訳者である税所じしんが、まさにキャリア・ウーマンであったことも大きく影響しているだろう。

彼女の歩んできた軌跡をなぞりながら、女性にとっての成功ということを考えてみよう。

死ぬ覚悟でゼロからの出発

税所百合子は、一九二六（昭和元）年、東京・青山に生まれる。父親はアメリカ留学経験があり、飛行機会社の役員を務めていた。母親は士族の出で、きちっと家事を執り仕切る日本的な女性であった。子どもは、女四人に男一人の五人きょうだい。

税所自ら「お嬢さん育ち」というように、家柄も良く、裕福な家庭で、不自由を感じず暮らしていた。

ただ、ある意味では昔ながらの育て方が窮屈に感じられることもあった。たとえば、大学に進学したいと言ったとき、母は猛反対する。当時としては、上級学校に進むと嫁の貰い手がなくなると思われていたのだ。けっきょく大学進学は断念せざるをえなかった。

そんな母親が、戦況が激化する中、病に倒れる。そして終戦の三日後に死去する。

敗戦の痛手を受け、日本中が物資不足に苦しんでいた。そこに、母の急死。税所の境遇は急転回を遂げる。このとき税所は十九歳であった。

姉たちは結婚して家を出ていたため、自ら食糧不足を解消するため、着物や洋服を農家にもっていかねばならない。タンスから着物を出しては、物々交換のためにリュックに詰め込んだ。それでも米はなかなか手に入らない。うどん粉でスイトンが作れれば、それが御馳走であった。

さらに、母の一周忌を機に父親が再婚を決める。これは母親が遺言に書き残したことでもあった。再婚相手が嫌いだったわけではないが、うるさい小姑にはなりたくないと、父の勧めに従い結婚をすることになる。

相手はごく普通のサラリーマン。小さな間借りで新婚生活がはじまり、すぐに子どもができる。しかし、相変わらず食糧不足はつづいていた。夫の給料だけではとても赤ん坊のミルク代も払えない。以前と同様、嫁入りの際にもってきた物を売っては牛乳や米を手に入れねばならなかった。

このあたりを税所は《自分の力で自立するよう教育されていない者が一度は迎える悲愴な経験》と書いている。

タケノコ生活がつづき、やがては売る物も底をつく。着物、コート、羽織、さらにはもう不必要と桐のタンス、夫の書籍と売れる物は何でも売ってしまったのだ。おまけに、夫は体が弱く、病気がちだったため、稼ぎ以上の治療費が必要になってしまった。

覚悟を決め、幼い子を連れて父の元へお金を借りに出かける。父と対面し、千円を貸してほしいと切り出した。だが、父は厚手のオーバーコートを手渡し、「金が要るなら戸主である主人が頼みに来い」と断った。再婚した妻にも「けっして隠れてお金を渡さないように」

と厳しく言い渡した。

このときほど悲しくなったことはないと税所は書いている。帰りの電車の中で、人前であるにも関わらず、声を出して泣いてしまったほどだった。

もちろん、後に父親としての気持ちも、身内といえども余裕のない時代だったことも分かるのだが、二十三歳の若き女性に理解することは無理だった。ひたすら父親を恨むだけだった。

夫も男としてのプライドがあった。「どの面さげて金を借りに行けるか」と、妻には我慢を強いた。

万策尽き、幼い子を抱えて、自殺まで考えたという。そうしたある日、ふとこう思ったのだという。

《やるだけやったというけれど、何をやったのだろう。困って質屋通いをしただけではないか。何も自分から生みだすようなことは考えもしてこなかった。この自分の産んだ子でも、自分の所有物ではない。こんな可愛い子を道連れにして死ねるだろうか。幼いこの子をおいて死ねるだろうか。そう考えたら、自分の情けなさに腹さえ立ってきました》

死のうという覚悟があるのなら何でもできる、そう思えてきた。

ゼロからの出発、死ぬ勇気を仕事をする勇気に変える、それが税所にとっての再生の誓いであった。

手作りネクタイからテレビ、ラジオの世界へ

もう一度、生き直すと決めた日から、税所の姿勢は大きく変化した。

まず、自分にできることを考えてみた。良家のお嬢様として習い事はたくさんやってきた。お花、お茶、しかし、戦後の慌ただしい時代、誰も優雅に習い事をする者などはいない。このあたり、両親は平和な時代に育ったため、子どもたちに対して乱世に強い生き方を教え込むことができなかったのだろう。

生活のために自分ができることの少なさに慄然とした。

物を作って売る、生きていくにはそれしかないと思い、試行錯誤を繰り返し、やっとたどり着いたのがネクタイであった。糸を染めるところからはじめ、それを織り、洒落たネクタイを作ってみたのだ。

このとき、彼女の同志となったのが、華族出身の島津朝子だった。

とにかく島津とともに二人でネクタイを作り、売り歩くということをつづけていった。滑り出しは上々だった。デパートや専門店が高い値で買い取ってくれた。大量生産ではなく、ハンドメイドだというのが売りだった。

ただ、誰も彼もが生きるのに必死な時代である。うまくいった商売には、すぐさま追随者が現れる。そして、ハンドメイドではあるものの、税所らの品物の半値で売る業者も出てきた。

もちろん、売れ行きは止まる。デパートなども、買い取りではなく、委託販売の形をとる

ようになる。材料費の回収さえままならなくなっていく。

やむなく、行商に出ることにした。つまり、大きな会社を回って、販売するのである。恥ずかしいなどとは言ってられないのだが、やはり、訪問する前には体がすくんだ。そんなとき、「労働は神聖なり」と何度も唱えては、自分を鼓舞した。

父親は、娘が自らこのような仕事を生み出すとは予想もしなかった。税所も借金を断られて以降、父に頼み事をすることはなかった。ただ、このネクタイ販売の行商では、父の知り合いの会社を紹介してもらうことがあった。注文を受けたら十日で品物を届ける、というのが売り文句。そして、必ず九日目には持っていった。

少しずつ、そんな税所らの姿勢を評価する人も出てくる。東京都民銀行の工藤頭取なども、その一人だった。泣き言もいわずに仕事をする税所らを温かく見守ってくれていた。

他の業者が安売りをはじめ、なかなか辛い状況だということを話したときだった。工藤頭取が、こんなことを教えてくれた。

近々、民間テレビ放送がスタートする。これに伴って新しい商売も生まれるだろう。たとえば、アメリカではテレビやラジオに広告エージェンシーがいて、広告の一切を取り仕切っている。詳しい仕組みは分からないが、検討してみてはどうか、そう言うのだ。

税所じしん、雲をつかむような話だとは思った。が、ネクタイ製作がじり貧なのも確かである。

そこから、広告会社の可能性を探りはじめた。

◆日放株式会社の設立

まだ未開拓の分野である。参考書もなければ、詳しい人もいない。父のアメリカの友人を紹介してもらい、広告について書かれた英語の本を入手した。

放送におけるクライアントのこと、宣伝内容のこと、視聴者の種類とメーカーの関係など、知らないことばかりだった。

こうした勉強は、もちろんネクタイ製作を細々とつづけながらのことである。三歳になった息子の腰に三尺の紐を結わえ、一端を柱に縛りつけて、その傍らでネクタイを作ったりもした。

なかなか、新たな事業に踏み出す決心がつかなかった。一方で、ネクタイの売れ行きはどんどん悪化していく。作ったものの半分も売れないこともあった。

もう、走り出すしかなかった。

「きっと、できる。できるに違いない」

そう自分に言い聞かせ、広告の業界に足を踏み入れたのである。

一九五四（昭和二十九）年十二月から翌年の四月までにスポンサーと契約できなければ、会社設立は諦めようと決めていた。

税所は島津とともに歩き回る。いろいろな会社を訪問してはスポンサーになって欲しいと頼み込んだ。ネクタイ製作で入ったお金がそのまま電車賃に回された。

四月も末になって、ついに文化放送「チャーミング・アワー」という一時間の音楽番組に、六社のスポンサーをつけることに成功した。そして、五月三十日、税所は島津とともに日放株式会社を設立することになる。役員イコール社員二人での出発であった。

当時は電話もなかった。それで、すでに電話を引いていた知り合いに頼み、そこを連絡用に使わせてもらった。名刺にはその電話番号を刷る。知り合いは、電話が鳴ると「はい日放でございます」と応対してくれた。後ろでは赤ん坊が泣いていたり犬が吠えていたり、不思議な会社だと思われていた。

初めて番組が放送されたとき、税所は放送局のスタジオに座っていた。アナウンサーが税所の書いたＣＭ原稿を読みはじめると、涙が流れてしかたなかった。番組スタッフに「泣き声が入りますよ」とからかわれるほどだった。

会社を設立したとき、恩人とも言うべき、工藤頭取にこう言われた。社会に乗り出すというのは並大抵のことではない。線香花火みたいにいっときの華々しさでは仕事は成り立たない。「商い」は「飽きない」だ。やり遂げるまでは諦めずにつづけるのではあれば支援しよう、と。

もう後戻りはできないという思いを強くした。

「女性だから」と偏見の目で見られないために、男性の三倍は働くと決めた。眠る時間を削り、ひたすら仕事に精を出していった。

ない。

✵障壁を乗り越える

その後、本邦初のゴルフ番組を作ったり、自主制作のドラマを作ったり、業務は軌道に乗っていった。社員も三十人に膨れ上がる。しかし、その歩みは常に順風満帆だったわけではない。

個人的には病気がちだった夫が亡くなる。その後、再婚するのだが、心の傷は深かった。そして、一九六二（昭和三十七）年、取引先が倒産し、手形が不渡りとなる。そこの会社は以前から危ないという噂があったのだが、親会社が援助してくれるだろうと考えていた。が、その見通しは裏切られてしまった。

不渡りとなった手形は八百万円。マージンを引いた額は放送局への支払いに充てられる。つまり、これらはすべて負債として抱えねばならなかった。さらには付き合いのあった放送局からは、今後は現金取引で、と言い渡されてしまった。つまり、不渡りを摑まされたことも企業の能力と捉えられてしまったのだ。

この当時の八百万円は、現在で換算すると二十倍以上になるだろう。

経費を切り詰めても追いつかず、すでに内定していた新卒の新入社員十九人には新たな就職先を世話することにした。役員の給与は一律一万円だけとし、三年間は全社員の昇給もなしと決めた。

このとき、取引先を決定するための決まりも設けた。社訓である。次のような会社とだけ取引することにしたのだ。

一、**会社の社長の人格と目標の立派**なこと
二、**企業が社会で認める実績と業績を上げている**こと
三、**商品が社会に認められ、役立つ製品**であること

そして、一流企業でない場合は、広告費はすべて現金取引と決めた。どんなに良い契約条件であっても、支払い条件が六ヶ月の手形などという場合は、即座に契約内容を変更してもらった。その条件が飲めない場合、やむなく断ることになる。とにかく共倒れを防ぐには、ある面で非情にならざるをえなかった。

さらに追い打ちをかけるように、この苦難の時期、税所の伴走者であった島津朝子が奇病に倒れ、一年半の闘病の後に亡くなってしまう。創立十周年を前にしてのことだった。

税所は、こうした障壁を乗り越えようと努力する。前にも増して、仕事量を増やしていき、何とか負債を返すことに成功する。

倒産するかどうか、という憂き目にあったことは、経営者としての彼女じしんを一回りも二回りも大きくしたようだった。

この後、広告業界では、小さいながらも良質の仕事をすることで日放の名は知られていった。アメリカのCBSテレビの子会社CBSフィルムで作られていた『ローハイド』『スーパーマン』にスポンサーをつけて放送することにも成功した。

ロスアンゼルスにあるサインキスト・グロワースの日本における広告を引き受けることに

なり、アメリカ農産物の日本市場での販売促進にも寄与した。これが契機となって、後にロスアンゼルスから名誉市民の称号を受けることになる。

「キャリア・ウーマン」の先達として

こうして今日に至るまで、けっして前進することを止めなかった税所だが、彼女もまたSMIプログラムから多くのことを学んでいる。

そもそも、SMIに惹かれる素地はあったのだ。たとえば、初めての番組「チャーミング・アワー」がスタートしたとき、十年後の我が社はどうあるべきか、という計画書を作成しているのである。将来は、経営者、従業員、それぞれの協力によって、社会に貢献する広告会社になろう。倫理的な観点から一業種一社にする。大きくなくても質の良い会社にする。あるいは、業界のナンバーツーをターゲットにするということも挙げている。

こうした目標設定の必要性を、以前から知っていたのである。だから、SMIプログラムと出会ったとき、すんなりと体の中に取り込むことができた。

そして、人間の満足に関して、経済、社会、教養、精神、健康、家庭という六面における充実が必要と思うようになる。これらを満足させるための目標設定。自分じしんへの客観的視線、プラス要因とマイナス要因の書き出しを奨めている。

後に税所は、ポール・J・マイヤーの例を引きながら、目標の視覚化にも触れている。自分を喚起する力が具体的にイメージされることが重要だ、と。

税所にとっては主婦としての生活も重要な柱であった。だからだろう、とくに時間の使い方については、かなり多くの発言をしている。たとえば、目標のデッドラインを明確にすることで無駄を省く、何に何時間かかるかを把握する、意識と心構えをしっかりと抱く、必要な情報と不必要な情報とを選別する、一日よりも一週間単位で時間を考える、そして一日わずかな時間でも積み重なることで膨大なものなる、などなど男性にとっても傾聴に値する内容である。

現在、税所は女性の社会進出を支援する活動も行なっている。とくに女性もリーダーになれるような土壌作りに力を入れている。

講演や執筆活動だけでなく、自らの会社でも女性の教育を行なってきた。税所は以前から「職場で必要なのは学歴ではなく、実務上の能力と人格。特技や専門知識を生かしたプロになるよう日々努力を重ね、人格を磨いて心の行き届いた仕事を心がける」と説いてきた。このことをより具体化させたのが、『キャリア・ウーマン』という本で提示した女性像である。

SMIの開発した「リーダーシップ・フォー・ウィメン」というプログラムを推薦しているのは、こうした生き方が反映されてのことなのだ。

税所のような先達がいたからこそ、道は拓かれ、後につづく者が歩きつづけられるのである。彼女の歩んできた半世紀にわたる道程を見つめていると、そのことがよく分かるのである。

6　さらに多くの活用者たちが

これまで見たきたように、多くの企業やスポーツ選手たちがＳＭＩを利用し、恩恵をこうむっている。もちろん、漠然とＳＭＩに対してきたのではなく、それぞれが自分なりに、プログラムを生活の中に生かす工夫があったればこそ、でもある。

前項までには触れられなかったが、たとえば、仙台市の銘菓「萩の月」で知られる菓匠三全社長の田中裕人氏は、三十年近くもＳＭＩを活用しつづけているという。ポール・Ｊ・マイヤーの「負けても平気な人間にはなるな」という言葉が座右の銘である。それまでは煎餅の製造だけを行ない、他のメーカーに渡していたのが、あるとき、製品開発からネーミング、値をつけ、宣伝広告までを自分のところでやろうと思い立った。そう決断すると、ＳＭＩが唱える事々が乾いた砂に浸透するように理解できるようなったのである。

田中氏は、いまも、トータル・パースンの考え方を取り入れた堅実な会社運営を目指しているという。

ユニークなＣＭで知られる雪国まいたけ社長、大平喜信氏もまたＳＭＩを取り入れている企業人だ。一九九四年からプログラムを導入、社員一人一人が心構えの大切さに目覚めたという。

プログラムを取り入れた最も大きな理由は、ポール・J・マイヤーの価値観と自身の価値観とがとてもよく似通っていたからである。ほとんど一致しているといってもいい。そして、SMIを採用してから、改めて、こう感じたのだ。自分では一〇〇パーセント頑張っていると思っても、七割から八割の力しか出していないものである。その力をセーブしている自分の内側の要因を解放してやると、不可能が可能になる、と。

さて、そうした企業だけでなく、いまでは行政にもSMIを活用するところが増えている。とくに平成の大合併といわれた市町村合併の波の中、どうやって地方が存続していくかを、どこの行政も模索してきている。都市と地方との格差だけでなく、地方間の格差もまた開きはじめているのだ。

いまでは借金を抱え、立ち行かなくなった自治体も出てきている。

そんな中、まずは職員の意識改革からスタートすべき、と思い立ったところも少なくはない。その一つが、岩手県の一戸町である。

難産した「朝朱け塾」の立ち上げ

一戸町は、八年間にわたって庁内に「朝朱け塾」という組織を作り、職員育成を目指してきている。ここにSMIプログラムが採用されているのだ。

毎日三十分間、毎週二時間、オフサイト・ミーティングという形式で議論しあう場である。ここで組織の経営理念や経営方針、行動指針、組織目標と個人目標の設定、行動計画づくりなどを学んでいく。

これについては、一戸町助役の坂上一雄氏が詳しい説明を行なっている。

やはりプログラムの導入までには、かなりの抵抗があったという。旧態依然とした組織は、新しいものを嫌うのである。とくに本来は最も熱意を持って取り組まねばならない担当課長などが懐疑的になり、「あくまで希望者だけの参加にしたらどうか」という意見さえ聞かれた。

坂上氏らは、抵抗感を示す職員たち一人一人を根気よく説得し、何とか納得をしてもらった末に、朝朱け塾開講に踏み切ったのである。

ここで苦労が最も大きかったようである。

まず初めに、幹部職員の意識改革が先決であるという思いから、管理職全課長を受講生として、一期と二期とに分けて、研修日程を決めた。この際、塾生からは誓約宣誓を行なってもらった。

基本理念は、「組織の徹底的な活性化により、役所世界の精神風土を変えよう」、「職員一人一人の魅力を増大させよう」、「初心に返って心を磨き一戸町21世紀の夢を描いてみよう」という三つである。

ワークショップの中では、塾生が洗い出した、習慣化している良い習慣、悪い習慣を目標在庫表として作成し、個人の課題、役場の課題、町の課題として要約していった。そして、それに対する解決策を探りはじめたのである。

ただ、採用した初めの一年間は明らかに失敗だったと一戸町長、稲葉暉氏は述べている。それは町長自らSMIのテキストの素晴らしさを認識はしていたものの、逆にそのためにすべてを職員に預けただけで、自動的に意識改革がされるだろうと思ってしまったからである。もちろん、そんなことはあるはずがない。何の成果もみられない一年間が過ぎ、次の年から塾頭たる町長も週に二回はミーティングに参加し、たっぷりと話をするようになる。すると、みるみる効果が表れてきたのだという。

岩手県一戸町の改革維新

さて、課題への解決策が抽出された後は、目標行動計画を作成していく。短期、中期、長期の達成目標に区分し、次は実践活動へと移行させていくのである。たとえば、こういう実践活動がある。

「あいさつ運動」と呼ぶものだ。

公務員とはサービス業である。町民から信頼される職員となるために、心のこもった挨拶をしようという目標である。小学校の訓令みたいだと思うかもしれないが、ここから接遇研修や接遇マニュアルが作成されたり、朝礼が励行されてくるのだから、けっして軽んじてはいけない。こうした小さな行為を変革していくことが、最も難しいのである。

また、こういう例もある。手作り「写真入りネームプレートの着用」というものだ。これなども、それまでは行なわれてこなかった。それを変えていくことで、自分の名前をはっきりと示すことで責任感が高まる、緊張感が保たれて町民に良い印象を与える、という効果が出てきた。

あるいは、「主要道路のごみ一掃」という活動もあった。

一戸町を縦断する国道の約二十五キロ区間で、毎年春と夏の二回、職員の手によるゴミ拾いを実施したのである。春の雪解け時期、道路沿いには車から投げ捨てられたゴミが散乱していた。道路を走る車から目にする景観が美しく保たれ、事故発生の原因も少なくすることは、必要なサービスだと考えたのである。この活動は現在も実施されている。

もちろん、こうした小さな「行動」だけでなく、コスト削減や情報収集などの日常業務に直接関連する改善も行なってきた。一部の課では徹底した時間管理を実施し、無駄な時間を省くことに成功する。その浮いた時間を、新たな事業や、これまでの事業の見直しに充てることができたという。

こうしたSMIプログラムによる行動計画の作成、実施は、徐々に職員の意識改革へとつながっていった。とくに、行政サービス品質向上に努めようという意識が高まっていっている。

これまで朝朱け塾の受講生は八期で延べ百二十人、全職員の六六・七パーセントとなっている。

具体的な実践活動としては、洗い出された課題が七百五十項目あり、重要度の高いものから優先順位をつけて、改善事業五十項目を掲げている。これについて全職員によるサービス品質向上運動を行ない、目標達成度のチェックと自己評価を繰り返していく予定である。

また、町役場を株式会社に見立て、各課長がグループ会社社長、職員が社員という概念を採用し、サービス改善を推進していこうとしている。あくまで一戸町役場は町民にサービスを売って対価を得ているという発想を根づかせようというのだ。

だから、当然、サービスがきちんと行なわれているか、つまりは品質改善が行なわれているかを、チェックされなければならない。このチェック機能の確立こそが健全運営に欠かせないものであると考え、全庁合同の商談会を開催したりもしている。

「ＳＭＩで行政を変えよう」

このキャッチフレーズのもと、一戸町は突き進んできた。この一戸町の成功例が知られていくに従い、こうした波は全国的な広がりを見せはじめている。青森県百石町、六戸町、さらに宮崎県の野尻町など、精力的に庁内塾の活動に取り組んでいる。

今後、さまざまな成果が見えてくるだろう。そして、それが「地方」の新しい型（タイプ）にもなるはずである。

ぜひとも期待して見守りたいものである。

第3章——我流実践法

1　私塾のすすめ――渡辺健次氏

元SMIの公認エージェンシーとしてSMIプログラムを販売し、連続十一年にわたって世界大賞を受賞しつづけた人がいる。渡辺健次氏だ。

SMIプログラムに携わっていただけあって、彼じしん、SMIの精神を信奉しているし、ポール・J・マイヤー本人の薫陶も直接受けている。

SMIプログラムは、それを販売する人たちにも影響を及ぼしているのである。成功への道程、それは極めて当たり前の、そして地道な歩みであるのだから、そのことに触れた者たちが同様の成功をおさめるのも当然だろう。

そんな渡辺氏が私家版として『固くて強い組織はこうしてつくる』『個人力より組織力』という本を出しているので、それを参考にして、彼がいかにSMIから大きな力を得ていったか、その人生哲学を見てみよう。

渡辺氏は大学卒業後、大手量販店に入社する。経営企画室、社長室のゼネラルスタッフとして人事・教育・組織開発のプロジェクトを担当、その間もアメリカに派遣留学もしている。

一九七六（昭和五十一）年、三十二歳のときに脱サラ。このときSMIプログラムと出会う。

同時にＳＭＩビジネスをスタートさせ、まさに起業家として立ったのだ。

そして、翌年には日本のルーキー・オブ・ザ・イヤー賞をとり、華々しいデビューを飾っている。平行していくつかの仕事も行ない、野心はどんどん膨らんでいった。

そのあたりを自身で《経営者としての長期ビジョンもなく、ましてやＳＭＩビジネスに対する使命感など無かった》と記しているように、ひたすら闇雲な商売方法に頼っていたのだろう。

二年ほどＳＭＩに携わり、渡辺氏は離れてしまう。飲食業や美容室経営などをつづけたが、《それほど大きな収入を得ているわけでもなく、かといって人生が充実しているという訳でも》なかった。いつしか八年の歳月が過ぎていった。

そして、ＳＭＩビジネスに携わった二年間、離れていた八年間の合計十年間とは、いったい何が問題で何が足りなかったのかをじっくり考えてみた。

いくつかの問題点に気づいた渡辺氏は、そこから再度ＳＭＩビジネスへと入っていくのであった。

渡辺氏が気づいた第一点は、自らの器用貧乏についてだった。何をやってもそこそこのラインにまでは達する。が、そこから上へはなかなか進まない。すると別の物へと手を出し、またそちらでそこそこの成功をおさめてしまうのだ。

けっきょく、何事も成就させていないし、大輪の花を咲かせるところまではいかない。二兎追う者は一兎も得ず、ということわざの通りである。

ここで渡辺氏は、改めてポール・J・マイヤーの言葉を思い出したという。《二頭の馬に同時にまたがることは出来ない。二つの川を同時に泳ぐことは出来ない。二つの考えを同時に持ち続けることは出来ない》というものだ。

不退転の決意で一つ事に当たった者だけが大きな勝利を得られる。そのことに、気づかされた。

この後、渡辺氏は経営していた美容室などの事業をすべて整理し、負債を抱えたままでSMIビジネスに臨むことになる。

問題点の二つ目は、長期ビジョンの不在であった。

脱サラしたときの目標は、ただただ「経済的に豊かになりたい」という野心である。そして、この動機はけっして無駄ではなかったものの、ひとつの事業を継続させていくにはあまりに薄っぺらでしかなかった。

渡辺氏は、長期ビジョンを定めるとともに、仲間を作り、組織を作る決意をする。仕事における喜びを仲間と分かち合うことで倍加させようと思ったのだ。

「ビジョン共有による強力軍団づくり」「固くて強い組織」「個人力より組織力」という基本理念を作り上げ、それを体現させようとしたのが氏の設立したダイナミッククライフ福岡だった。ここが十一年間にわたって世界に広がるSMI組織のトップエージェンシーとなるのだ。

彼は、これ以降、さまざまな起業家と付き合うようになり、そこから自身も多くのことを学んだと記している。

たとえば税理士、医師、料理店経営者、理容・美容師、花屋、ケーキ屋、建築士、土建業、ホテル業などなど。ほとんどが中小企業である。

渡辺氏は「仕事をするなら小規模事業、中小企業ほどおもしろいものはない」と言っている。それは大企業では味わえない連帯感や充実感、感動を得られるからである、と。さらに「やり甲斐を求める人にとっては最高の舞台」とも記している。

そのためには「お金」と「時間」と「健康」が大事であり、そのことを求めていくために「三求塾」を開催し、オーナー経営者や幹部社員との勉強会、交流会を持つべきだとしている。

これなどは、まさにポール・J・マイヤーの説く六つの分野における成功、つまりはトータル・パースンの精神の組織版だろう。

渡辺氏は、SMIプログラムの精神的支柱と、実際の目標設定、計画作成を嚙み砕いて説明する。たとえば、『固くて強い組織はこうしてつくる』の中の「求める人材像をはっきりさせる」という章では、こう述べている。

《どんな人材が欲しいんだという求める姿をはっきりして、そのような人材になってもらうように教育することが最大の課題にならない限り、いつまでたっても思うような会社づくりも、当然ながら思い通りの人生も実現不可能だと思うんです》

大企業だと、たくさんの人材がいて、そのうちの優秀な人たちが競争原理のもとに実績をあげていく。勉強しないでいると置いていかれるわけだから、誰もが頑張るのである。それらは法則に従っただけだとも言える。

しかし、中小企業では、そうした競争原理が働きにくいためになかなか自己を主張しにくい。自らを叱咤激励して勉強する人はけっして多くはないのだ。

だから、経営者が人材育成に一生懸命にならねばならないという。

そのときに必要なのものは社長のビジョンなのである。

SMIのプログラムにあるように、ここが目標設定であり、同時に明確化、視覚化にもつながっていく。

経営者が「こんな人材が欲しい」と明言することにより、自分も、そして周囲も彼のビジョンを把握することになるのだ。とにかくスタートは、そこからである。

さらにつづけて、渡辺氏は社員とともに「言葉・価値観・心構え・ビジョン・目標を共有する」ことを挙げている。

経営者に夢があり、それを実現したいなら、それをともに共有する社員でなければいけないのだ。

そして、これもまたSMIの精神に則れば当然のことだが、「社外研修で求める人材はつくれない」と渡辺氏は言う。

商工会議所主催のセミナーに行かせている、地獄の特訓に参加させている、という社員教育にはほとんど意味がない。社員教育とは、経営者が「うちの社員はこうあってもらいたい」という思いによってなされねばならない。

これは、先ほどの「こんな人材が欲しい」とつながってくる。ビジョンのないところでいくら汗を流しても無駄なのである。私が欲しい人材を、私が育てる。そういうことなのだ。手づくりの社員教育と言ってもいい。

そのことによるメリットとは、つまり「言葉・価値観・心構え・ビジョン・目標を共有」できることにある。

社内で教育を施すことにより、経営者と社員との一体感が生まれる。社員は経営者の夢や思いを理解することになる。同じ言葉で語り合える土壌を作り出すことでもある。

では、その心構えから何が生まれるのか。

それは「永続的なモティベーション」である。

地獄の特訓などでは、その場面のみのテンションの高さや、やる気が起こされる。それは、時としてかなり大きなパワーを生む。そんなパワーが数日間、あるいは数ヶ月間つづくこともある。が、どこまでいっても、一時的なものでしかないのである。数時間、数日間、あるいは数ヶ月間経つと元のように惰性で仕事をする社員に戻ってしまっている。

渡辺氏じしん、最初のSMIビジネスに携わったときが、そうだった。ガムシャラに働き成績を上げたものの、持続性は望めなかったのだ。

社員のやる気を出すとは、あくまでモティベーションを高めることから生起させねばならない。それが、ビジョン・目標の共有なのである。

そんな教育を社内でやろうとしたら、辞める社員が続出するだろうと告げた経営者に対しての言葉である。

《社員はいつでも辞めますよ。辞められないのは社長ですよ。だったら辞める社員に何故焦点を合わせるんですか？　辞めるかもしれない社員の価値観に合わせるんではなくて、絶対に辞められないあなた、即ち、あなたが求める人材像に焦点を合わせるべきです》

こうした諸々の考え方から、渡辺氏が提唱するのが「社内塾」である。社員教育を社内で行なうシステムだ。

組織がより高い目標を達成するには、組織そのものがどんどんと変化を遂げていかねばならない。そして、組織が変わるには、組織を構成する社員一人一人が変わっていかねばならないのである。

そのために、「ミーティングとワークショップを進める社内塾」の必要性を語る。

これもまた、ＳＭＩの方法を生かしたものであり、もっともな方法だろう。

ミーティング、ワークショップの利点とは双方向のやり取りができることにある。経営者は社員一人一人の夢や願望を知ることができ、社員は経営者の思い、ビジョンに触れることができる。

これを繰り返すというのは、まさにSMIでいう目標の明確化なのである。

そして、この社内塾での活動から社風が練り上げられていく。

渡辺氏は「社風が強い人材をつくる」と言っている。

まず、初めに社風があるわけではない。経営者と社員がいて、そこで社風が生まれるのだ。

経営者が自らの夢を語り、ビジョンを話し、目標を示すことで、そこに共感する社員が育っていく。そうしたメンバーによって日々の仕事がなされていく。

当然、なじめない人間は会社を離れていくだろうし、摩擦も起きるだろう。

ただ、ミーティングやワークショップを長くつづけることで、そうした夢やビジョンが浸透していき、経営者と社員とは一体となる。

つまり社風とは企業の「個性」なのだ。人それぞれに個性があるように企業にも個性がある。魅力的な個性ならば人が集まってくるし、仕事もこなしていける。

それはひとえに経営者と社員との連携にかかっているのである。

そして、渡辺氏はSMIプログラムのいうように「組織はリーダーが描くイメージ通りにつくられる」とも語っている。

まさに、「人はイメージしたような人間になる」というSMIプログラムの組織版である。

これもまた、至極、もっともなことだ。

人は、思っていない人間になることはできない。必ず、自分の意志するところの人へと育っていくのである。それは無から有が生じないのと同様である。軌道を外れていくように見えることも、それは個人が思い描いてしまったからである。

組織においても同じなのだ。企業は、経営者と社員が作り上げた価値観や組織イメージに従わざるをえないのである。そこからはみ出すことはないし、まったく異なる組織に変貌することもない。だからこそ、経営者は目標設定に力を注がねばならないのだ。

こうして渡辺氏はSMIビジネスへの再加入によって、生き方や経営の真髄を学んでいったのである。

ただ、現在、渡辺氏はSMIの組織からは外れ、彼独自の理論でセミナー、CD等の販売を行なっている。その内容は、かなりSMIの概念とは離れてきたようである。

2 セールスの極意——桑原正守氏

SMIプログラムの薫陶を受けた人たちは、必ず人生の目的ともいうべき自己実現を果たそうと的確に歩んでいく。現在はセールス・アソシエイツ代表取締役である桑原正守氏も、やはりそうだ。

「セールス」ということにこだわりつづけ、様々な商売のセールスマンを行なってきた桑原氏が、やがてSMIビジネスに出会い、そこからセールスに特化した「MSP（マスター・

セールス・プログラム)」を作成するに至る過程こそが、まさにSMIプログラムのいう成功への道程なのである。

桑原氏には自らの人生を語った『世界NO.1セールスマンが書いた世界一わかりやすい世界一「売れる」本』(経済界)という長いタイトルの本がある。タイトルが長い割に、中身はコンパクトで読みやすく、彼がいかに「セールス」の極意を掴もうと努め、ついには成功したかが連綿と綴られている。

桑原正守氏は一九六五(昭和四十)年、新潟県に生まれる。五人兄弟の下から二番目で、上の兄と年が離れているため末っ子のように可愛がられ、下の妹からは兄として慕われていた。

幼いころから学校などの制度には溶け込めなかった。勉強はおざなりになる。するとまた遅れをとり、イヤになる、そういう循環だった。

小学、中学と勉強しなかったために《地域で一番レベルが低い》高校に進学するが、ここでもやはり制度や枠組にずいぶんと違和感があったようだ。

高校を卒業し、東京のレストランのウェイターとなる。

この時点では、明確な目標はなく、「一回しかない人生を平凡に終わらせたくない」という気持ちだけが先行していた。しかし、何をどうすればいいのかが分からなかった。

かといって、怠惰に暮らすのも嫌だった。その場では最大限の努力を払った。

金もコネも学歴、人脈もない自分は、自らを磨き上げるしかないと思い定めていた。

そんなとき、自己啓発セミナーで出会った一人の経営者から、フルコミッションの営業を勧められる。これをきちんとこなせれば、将来、経営者になるのにも役立つと言われたのだ。フルコミッションとはつまり完全歩合給である。

経営者というものには固定給などない、常に業績と一体である。勧めていては、そのことが分からない。若いうちに、歩合給の仕事に就いてみて、そのことを肌で覚えた方がいいという意味だったのだろう。これが桑原氏の転機となる。


初めは新聞の勧誘員、それから受験教材販売、秋葉原の家電量販店の売り子、化粧品のキャッチセールスと、さまざまな物を売り歩く。とにかくその組織でトップをとったら、次の会社に移る、と決めていた。

桑原氏のセールスマン時代の販売法は、アイデアに満ちていた。たとえば、新聞の勧誘でインターホンを鳴らした後、「カキトメです」と言ってドアを開けさせる。相手が怪訝な顔をすると「私、名前がカキトメなんです」と答える。計った、と言えば、計った手だ。これに類する訪問方法をいくつも考え出していった。

受験教材の販売では勉強の必要性よりも、おおらかに、たくましい子どものほうが良いと告げておいて、そこからセールストークに入っていく。受験とはほとんど縁のなかった桑原ならではの編み出した方法かもしれない。そこには、本音のトークも含まれていたのだろう。

また、秋葉原の家電量販店では、客が眺めてている品物を「それは良くない」と切り出して意表をついておき、話に引っ張り込むという技を使う。

化粧品のキャッチセールスでは、初めてトップになれなかったものの、集中力の大切さを学んだ。休むときは休む、働くときは働く。そこに余計な感情を入れないようにすることが大事だと知ったのだ。

もうひとつ学んだのは、紹介などから得た見込み客リストというものの曖昧さである。つまり、裏を返せばあらゆる人たちが見込み客であるとも言える。繁華街で信号待ちしている人すべてが、見込み客として眺められるようになったとき、桑原氏はある種のセールスの核に触れたのかもしれない。

普通はセールスマンが避けて通るような相手こそ、実は鉱脈だとも知った。受験教材では、偏差値の高い学校に通う子より、あまり進学とは関係なさそうな学校の生徒のほうが、話を聞いてくれる。化粧品では、声をかけづらいような美しい女性たちが、そうである。つまり、彼ら彼女らは普段、そうしたセールスからは敬遠されがちなのだ。だから、声をかけられると素直に話を聞いてくれることが多かった。

化粧品のキャッチセールスで販売していたのは三十万円ほどの基礎化粧品のセット。設備の整ったエステティックサロンを構え、クレームも少なかったとは言うものの、キャッチセールスによる高額の化粧品販売には違和感を覚えたのかもしれない。

この初めてトップセールスマンになれず、苦しんでいる時期に、ＳＭＩプログラムと出会うのだ。

百二十万円の「能力開発プログラム」を購入する。そして、その効果に目覚めていったのである。

百二十万円のプログラムを購入したとき、桑原氏は二十二歳であった。「二十二歳でありながら、これだけの身銭を切って自己投資できた」という自信は大きかった。このときセルフ・イメージが一段階アップしたのである。

もともとポジティブな思考法をもっていたが、これ以来、たとえば「自分は非凡である」と思うようになり、だから「トップになれないわけがない」と確信しはじめる。

SMIプログラムを販売してくれた担当者から、フォローセミナーに誘われる。そこでSMIの代理店社長を紹介してもらった。

この社長から、稼いだ金をすぐに遊びに使うようではダメだ。「どーんと稼いでどーんと使うようになりなさい」と戒められる。

この言葉に感銘を受けた桑原氏は、彼の代理店「ダイナミック・パースンズ東京」に新たな修業をする思いで入社したのである。

ダイナミック・パースンズ東京は毎年日本一を争うような営業力ある組織だった。先輩、同僚たちも有能な人たちばかりである。初めてチームワークの必要性をも認識した。

SMIプログラムの販売は、客の人生をもプラスに変えていく、素晴らしい商品だと実感していた。だからこそ、売る態度にも自信が溢れていく。

また、これまで培った経験から、単にアポイント数やプレゼンテーション数を競うようなハードワーク式販売には疑問を抱いていた。社員教育でも根性論がまかり通り、いかに行動量を多くしていくかにばかり眼目が置かれていた。量より質の方が大切ではないか、そう思えてならなかった。

桑原氏はマネージャーに昇格した後、質を重視する教育を展開していく。自分のコンディション作りに心を配り、乗らないときは一気に休んでしまう。その代わり売れるときは時間を忘れて攻勢をかける。それが最も効率の良い方法だと、それまで見聞してきた中で学んできたのである。

これには理由があるとSMIプログラムを学んで行く過程で分かった。たとえば、調子の出ないときにいやいやながら仕事をすると、その悪い状態のイメージが潜在意識にインプットされてしまい、仕事を嫌いになってしまうのだ。できるだけ良いイメージをインプットするように心がける。そのことを理屈として受け入れることができた。

仕事の仕組みを理解し、セールスの何たるかが分かりつつあった桑原氏が、次に目指すものは「セールス・マネージャー世界一」であった。これは自分だけでなく、部下とのチームワークに対して贈られる賞である。優秀な部下を自らリクルートするところからはじめねばならなかった。

リクルートした部下が増えてくると、桑原氏はそれまでほとんど野生の勘に頼っていた販売方法を論理的に解析する必要に迫られた。そこで思いついたのは、ポール・J・マイヤーが頻繁に使う方法である「譬え話」「映像的な説明」であった。理解させるよりも感じさせる。どのように販売実績を上げるかを、いろいろな例に譬えて話して聞かせた。また、食べ物などを賭けてゲーム感覚での営業を試みたりもした。

その甲斐あって、年間セールス、月間セールスの最高記録を樹立するに至った。一九九二（平成四）年には、SMIの「セールス・マネージャー世界大賞」にも輝く。

ここで息が抜けたのだろう。目指すべきものが見えなくなり、会社を辞めることにする。別な道を模索しようと思ったのだ。

一九九四（平成六）年、ラーメン店オーナーへと転身する。

こちらの店も地道な努力が実り、三年後には三店舗へと拡大、売上も一億七千万円へと膨れ上がった。

ラーメン店経営はうまくいっていたものの、あるきっかけから、再び能力開発プログラムのセールスへと舞い戻ることになる。今度はLMIだ。一九九九（平成十一）年のことである。代理店の権利を取得し、自らが経営者として販売していこうと考えた。

ラーメン店は店長に譲っている。

代理店を興すには部下をリクルートしなければならない。何人かの優秀な人材を得た。いよいよ代理店業務のスタートである。

桑原氏が、まず重視したのは毎朝の朝礼であった。これこそ、SMIプログラムの忠実な実行と言えるだろう。

初めにミッションステートメントと呼ぶ文書の読み上げ。これは目的、ビジョン、ミッション、行動指針を言葉にしたものだ。会社のミッションステートメントがあり、個人のミッションステートメントがある。それらを一人一人、演台で読み上げるのである。

そして、アファーメーション。肯定的な自己を宣言するのである。「私は成功している」「私は魅力的だ」というように。

その結果、代理店としては二年連続の世界一に輝き、二年目などは新人社員がルーキー・オブ・ザ・イヤーを、社員の一人はセールスリーダー世界大賞を受けるなど、チーム全体が評価された。そして、極めつけは、最高の栄誉である「ポール・Ｊ・マイヤー世界最高大賞」の受賞である。

二〇〇二（平成十四）年のワールドコンベンションでは、桑原氏がクロージングスピーチを任されることにもなった。

常にトップを目指していたため、トップの座を得ると、拍子抜けするきらいがあるのかもしれない。このときも、そうだった。

桑原氏は悩んだ末に、代理店業務を閉じる決心をする。次に目指したのは、自分が長年培ってきたセールスの極意を多くのセールスパーソンに伝えることであった。ただ、その極意とは、販売のスキルであり、本来のＳＭＩの概念とは異なっている。

3　成功の法則――石原明氏

歴代、ＳＭＩのセールス・マネージャーとして断トツの成績を収めた人たちは多数いるが、経営コンサルタントとして独立し、なおかつユニークな視点からのコンサルティング業をつづけている人はそれほど多くはない。

そんな一人が、石原明氏である。

現在は日本経営教育研究所代表取締役。講演や執筆、各社の顧問に就き、コンサルティング業を展開している。

さすがにＳＭＩのセールス・マネージャーとして「世界大賞」を受賞し（一九八九年）、ＳＭＩ代理店となった後は、新規代理店として年間販売実績などで最高の成果を発揮したという栄誉に対する「ルーキーディストリビューター世界大賞」を受賞（九二年）するなど、華々しい実績を上げた方だけに、ＳＭＩプログラムの真髄をきちんと把握し、自らの活動にも生かしているようである。

石原氏は一九五八（昭和三十三）年、静岡に生まれる。ヤマハ発動機勤務を経て、二十七歳のときにＳＭＩビジネスに携わる。

このとき創設者ポール・J・マイヤーの提唱する人生哲学に共感した。

誰もが理解しやすく、実践できるところにSMIプログラムの特色がある。プログラムを勧められ、試してみた客に効果が表れるのは当然だが、セールスする側もプログラムに触れていくことで、モチベーションの高め方や、目標設定の重要性などを覚えていくのである。これがSMIプログラムの凄さでもある。

石原氏は、一九九二（平成四）年に「ルーキーディストリビューター世界大賞」を受賞したときなど、世界大会において代表スピーチも行なっている。それほどまでにSMIビジネス、そしてSMIプログラムに入れ込み、体得していたとも言える。

この「世界大賞」を受けた翌年に、自ら日本経営教育研究所を設立し、経営コンサルタントとしての活動を開始する。

それ以降の彼の華々しい活躍を見る限り、彼もまたSMIプログラムを生かした実践者の一人であるとも言える。

石原氏に『成功曲線を描こう』（一世出版）という本がある。

これを読むと、彼がいかにSMIを深く理解し、自らの物にしているかが分かる。つまり、SMIが言うところの目標設定から自己実現に至るまでの精神が見事に生かされているのである。

まず、第一章のタイトルが「誰でも必ず望みがかなう」である。まさにSMIが提唱するキーワードでもある。

実際、成功するか否かに関する、ポール・J・マイヤーの言葉、「現在その人が身につけている習慣の差による」を引いて、良き習慣の必要性にも触れている。

その根本のところには、育ってきた環境における肯定的な物の見方が重要な位置を占めていると説く。習慣というのはなかなか変えられない。しかし、少し長い時間がかかっても意識的に変革を試みたら、必ず習慣も変えられるのである。

何度も何度も反復し、たとえ三日坊主に終わっても悔やむことなく五日目からまたスタートさせる。そうすれば、少なくとも一年の四分の三は「習慣の変革」を実行していたことになるのだから、と。

「人はあきらめていないことは全部できる」と書いているが、まさにその通りだろう。できなかったこととは、真に不可能だったのではなく、諦めてしまったことではないのか。どうしても諦めきれなかったことこそが、可能だったことである。

そのことで性格さえも変わっていくことがあると書いているが、これもまた確かなことである。ポジティブな思考法は、明るく、不安感の少ない、美意識に富んだ人柄を生み出すはずである。それがまた自らを成功へと進めてくれるのである。

さて、石原氏の『成功曲線を描こう』の中では、第三章以降の後半に重要なことが詰まっている。

第三章は「プランニングが成否を分ける」として、プランニングの要諦を解説する。これはポール・J・マイヤーのいう目標設定と実現計画である。

石原氏は、プランニングについてこう書く。

《ほとんどの人が、目標はただ単に持てばいいのだ、と安易に考えます。重要なのはどう持つかです》

目標の立て方として、トップダウンとボトムアップとがあるという。大きな目標を設定し、そこに至る旅程は後で考えていくのが前者で、目の前のできそうなことを短期目標として、それを積み重ねていくのが後者である。

トップダウンの目標設定はやる気が出るし、成功すれば大きな実が期待できる。一方で、具体的な行動と結びつきにくい、途中で目移りしがちだというマイナス要因もある。

ボトムアップのほうは、達成しやすく自信がつきやすい一方で、ついつい目標を下方修正しがちだったり、他人へのインパクトが少ないなどの欠点がある。

本当に成功していく人は、SMIの成功法則によると、この二つのパターンをうまく織り交ぜて採用しているのである。トップダウンの目標を設定しておいて、具体的にはボトムアップで頂《いただき》までの険しい道を刻んでいく。

そして、こうして歩んだ成功までの道のりを達成度を縦軸に、時間の流れを横軸にしてグラフ化すると、L字を横にしたような形となる。長い期間、あまり達成度は上がらず、小さな傾斜で進んでいったものが、あるときを境にぐーんと上昇カーブを描く。このあまり進展が見られない時期こそがノウハウの積み重ね時期であり、ボトムアップのプランニングが生きているときである。このグラフが、本のタイトルにもなっている「成功曲線」なのだ。

つまり、きちんとしたプランニングに添って行動している限り、効果が表れなくとも落ち込む必要はないということだ。

ここで石原氏の書いているのは、要約すると長期目標と短期目標の必要性、諦めずこつこつ歩めば必ずや成功は訪れる、という二点である。

昔から言われ尽くした人生訓のようだが、こうした真実はいつの時代にも、どのような状況にも対応できるのである。SMIプログラムによって確信を得ているように。石原氏も、そのことが分かっているからこそ、いつの世も変わらぬ人生の核の部分を、自分の言葉で説明しようと心がけたのだろう。

このプランニングに関する話題の後に「行動すれば、次の現実」というフレーズを提示する。目標を立てたら、考え込むことなく、まずは動いてみなさい、そういうことだ。すると、現実のほうも歩調を合わせるように動いてくれる。

これなども「善は急げ」という昔ながらのことわざを思い出すが、古くからある行動規範の洗い直しをしているとも言えるだろう。

目標設定に関して、石原氏は自らの苦い思い出にも触れている。SMIの代理店で働いているころだ。二十九歳でありながら、トップクラスの業績を上げていた。セールスをしながら、企業トップや幹部に経営や人材育成のアドバイスも依頼されることがあった。

ある日、大手企業の社長と話しているとき、石原氏の人生設計、目標設定について尋ねられた。石原氏はこう答える。去年は車を買えたから今年はマンションでも、と。するとその社長は「そういう子どもっぽい人生はやめなさい」と言ったそうだ。そんな目標では充実した人生など送れないだろうというのだ。

このときに、初めて石原氏は短期目標と長期目標の在り方、成功の種類に気づかされることになる。

《人が成功するとはどういうことでしょうか。仕事、家庭、健康、経済、人間関係といった人生そのものが満足のいくものとなることです》

本書の冒頭で概説した、ポール・J・マイヤーのいうトータルパースン、六つの分野（健康面、教養面、社会生活面、経済面、精神面、家庭生活面）での目標設定を思い起こさせるではないか。

目標達成までの原動力として、石原氏はビジュアリゼーション（描くこと）とアファーメーション（やる気にさせる手法）とを挙げている。

とくにビジュアリゼーションでは、五感を駆使した方法を奨めている。たとえば、車が欲しいと思ったら、ショールームに行き、目当ての車に近づいて、触れる、写真を撮る、ドアを開けて内部の香りを嗅ぐ、座り心地を味わう、こうして五感を働かせることで（この場合、味覚は使わないが）、夢が具体性を帯びてくるのである。

石原氏は、別の本で《脳を覚醒させるのに「おしゃれ」はとても有効な方法です》と述べている。五感を使ったイメージをビジュアリゼーションするのは、これもまた脳の覚醒でもあるだろう。事務所を移転させたり、内装を変えたりすることも奨めているように、五感から受けた刺激が脳を覚醒させ、力を生み出すのである。

ここなども、まさにSMIの真髄を述べている箇所でもある。

現在、石原氏は日本経営教育研究所を主宰しながら、講演活動、セミナー運営、そして著書執筆にと大活躍をつづけている。

とくに経営者向けの発言では、現在のネット社会、少子化の状況を踏まえたうえでの戦略の練り方などを解説している。

ホームページの必要性はかなり力説していて、《日本の社長のITレベルは「ゼロ」》とまで言い切っている。大きな投資をしてITシステムを導入している会社はたくさんあるが、ほとんどの社長はシステムの真価を知らず、世の中に遅れまいということだけで仕方なく導入したのだという。

若い経営者たちを見ていると、ここまで断じられるかどうかは分からないが、石原氏が付き合いのある経営者層は、きっとこのようなITオンチの方が多いのだろう。

だから、ホームページにもお金をかけねばならないと説く。営業マンを一人雇って、三年間支払う給料分は制作費に充てるべきだ、と。

また、早く、大きな投資をできるようになっていくことが、企業としての価値を高めることにつながるとも言う。

SMIから学んだことを、セールスパーソンや経営者としての成功へと特化させてきたことが、石原氏の独自性なのだろう。講演の演題も「情報化社会・売れる仕組みが会社を強くする！」、「勝つためのブランド化戦略」、「主導権を持った販売のために・営業マンは断ることを覚えなさい」というように、テーマが明確になってきている。もちろん、「成功曲線を描こう・行動すれば次の現実」といった、「個」に照準を合わせた演題も扱っているが。

4　システムの開発へ——土屋公三氏

SMIビジネスに直接は携わらず、しかし、自分なりの解釈でSMIを生かしている人たちもいる。

たとえば、土屋ホームの代表取締役会長、土屋公三氏である。土屋ホームは一九六九（昭和四十四）年に設立された、北海道を拠点とする、東証二部上場の建設会社である。とくに北海道では、よく知られた会社なのだ。

土屋氏は、この会社を創立し、大きくしていく過程の中で、SMIプログラムを学び、自らの成功に役立ててきた。そして、SMIの方法を模して、自分なりのささやかなアレンジを加えて作り上げたのが、「３ＫＭ」と名づけたプログラムである。

土屋氏はＳＭＩで言われている六分野のように「仕事だけの成功からは人生の充実感が生まれない」と信じており、そこからこのプログラムは発想されている。三つのＫとは、「個人」「家庭」「会社（社会）」であり、三つのＭは「目標（Mark）」「自己管理（Management）」「意欲（Motivaion）」である。いわば、縦軸と横軸との関係だ。その座標軸の中で、自己実現と自らの生涯設計を行なっていこうというのだ。

実は、このプログラムに関連して、土屋氏は「３ＫＭ手帳」という独自のアイテムも生み出している。その意味では、アイデアマンであり、ユニークな考え方のできる人なのである。

そんな土屋氏も、挫折と成功との繰り返しの中で、土屋ホームを育てあげてきたのである。その軌跡をなぞりつつ、３ＫＭのシステムを眺めてみよう。


土屋公三氏は一九四一（昭和十六）年、北海道札幌市に生まれる。

七人兄弟の四番目、家は畑作、酪農を営んでいたが、かなりの貧乏農家だったそうだ。

父親は謹厳実直を絵に描いたような人で、朝から晩まで休まず働き、母親は明るい性格の女性だった。

土屋氏も家の仕事を手伝う毎日で、勉強などまともにできない。中学を卒業したら大阪の会社に丁稚奉公のようにして勤めるつもりでいた。

ところが、時代の流れからか、両親も「せめて高校だけは」と思いはじめ、貧しいながらも生活を切り詰めて土屋少年を高校に行かせてくれることになった。

とは言っても、受験勉強もまともにやっていない。実社会で役に立つように、ということで、商業高校に進学。三年間、ソロバンや簿記だけでなく一般科目も学ぶことになる。

高校を卒業したのが、一九六〇（昭和三十五）年。大阪に本社をもつ段ボール・メーカーの札幌支店に事務系の職員として就職する。

若き土屋氏は血気盛んだったのだろう。なぜか労働組合の書記長にさせられてしまい、地方議員、資材会社の営業マンなどとの付き合いもできる。

ところが、会社はそんな若者を営業部門に異動させてしまう。組合活動をやる暇もなく、書記長はお払い箱となった。おまけに営業の方法も学んでおらず、仕事にならないので、まさに窓際族の心境に陥ってしまった。

そんなとき、農協でタマネギの出荷輸送を木箱から段ボールに切り替えるという情報を教えられ、売り込みにいって、成功。膨大な受注となった。

ここで土屋氏は「テング」になったのだという。周りは大学卒業者ばかり。このままこの会社で働いていても、先は知れている。そうだ、そのうち独立しよう。そのために他の会社のことも知っておこうと、ほとんど準備も、計画もないまま四年ほど勤めた後に退職してしまった。

厳格な父親は退職に反対し、後に土屋氏がいくら会社を軌道に乗せようが、生涯にわたって認めなかったという。

町の不動産屋に勤め、そこそこの成績をおさめるが、仲間と別の会社を立ち上げるために退職。その会社もすぐさま失敗し、喫茶店に入る金さえ事欠く始末。

やっと別の不動産会社に就職するが、あまりやる気も出ない。

そして一九六九（昭和四十四）年六月、二十七歳のときに札幌市のアパートの一室で「土屋商事」を設立し、たった一人からのスタートをはかった。宅地建物取引主任の資格を取って、不動産仲介業務を行なうようになったのである。これが、「土屋ホーム」の前身である。

初めは留守番電話一台を置いて、自分は飛び歩いていたが、これでは信用されないと思い、パートの女性を一人雇い入れる。しかし、一日一本も電話がないときもあり、どうにもうまく回転しなかった。

そこではじめたのが、アンケート調査による営業だった。電話アンケートに協力してくれた人のところに、そこで具体的な話をする。このシステムは後々まで生かされることになる。

さらに、飛び込みでのセールスもはじめた。これもまた初めは辛かったが、少しずつうまくいきはじめる。

「人生万事塞翁が馬」と土屋氏は言うのだが、企業は上向き傾向にありながら、列島改造ブームのころは株式会社に改組するものの、銀行からは資金を得られず土地造成などの大きな事業に着手できなかった。

しかし、その後、土地の価格が下落すると、大きな負債を抱えずに済んだわけで、どちらがプラスで、どちらがマイナスなのか分からないのである。

一九七六（昭和五十一）年土屋氏は本格的に住宅業界に参入する。狙いは北海道の風土に根差した省エネ型の住宅だった。冬期はマイナス十度から三十度まで冷え込む。それなのに北海道の住宅の多くは、本州のメーカーによって設計されて本州仕様のものばかりだった。暖房効率の良い、つまり暖房費のかからない住宅というのが北海道で望まれる家屋なのだ。

大学工学部の教授らの協力も得て、こうした省エネ型の住宅を生み出すことができたのだが、これが人気を博す。業界参入から二年目には三億円、翌年が八億円、さらに十九億円、三十億円とまさに倍々ゲームのような発展を遂げていくのであった。

一九八四（昭和五十九）年には前年に売り出した建物が「全国エネルギー住宅コンクール」で優勝し、「建設大臣賞」も受賞する。

この受賞を機に、土屋ホームの名は北海道外でも知られるようになり、売上も一気に百億円を越えるようになった。そして、本格的に本州にも進出するのである。

さて、土屋氏が考案した「３ＫＭ」は生活幸福設計を謳《うた》っており、目標設定と行動計画をシステム化したものである。その内容を見ると、ＳＭＩの内容と表現の一部を自分なりにまとめたものであることが分かる。土屋氏はＳＭＩプログラムを徹底的に勉強してきたということである。

まず目標を設定することの大切さが述べられ、それぞれ「個人」「家庭」「会社」での目標設定が挙げられている。

この項目では、さらに六項目ずつに細分化され、たとえば「個人」ならば、社会・友人（人間関係）、精神（心）、健康、趣味・教養、資格・自己啓発、住まい・財産である。また、「家庭」ならば先祖、親、配偶者、家族、子ども、きょうだい・親戚の六項目、「会社」ならば使命、業績、基本動作、専門分野、収入、地位・熟練度である。合計十八項目で目標設定していくと幸福への階段が上れるというわけだ。

ＳＭＩでの六分野を元にしていったことが分かる。多少、無理に六項目ずつ揃えるために加えたように見えるものもあるが、おおむね、頷けるところである。

こうした項目に、たとえば「年収八百万円を越えたい」だとか「友人を増やしたい」とか「マラソンで三時間を切りたい」という目標を掲げていく。

その次に、これらの目標に合わせた行動計画を作成するわけだ。

財産を作るためには給料から毎月三万円ずつ貯金していくとか、資格をとるために通信教育を受講するとか、あるいは夫婦円満でいるために月に一度は外で御馳走を食べるとか、具体的な行動を計画するのである。

目標だけでは漠然としていたことも、具体的な行動が伴うことで、実現に近づくわけだし、また目標そのものも鮮明になってくる。

なお、目標は、一年後、三年後、十年後、定年後と時期を区切って作成していくので、先ほどの十八項目はさらに増大していく。当然、行動計画もまた同じだけ増えるのだ。

計画を作り上げるというのが、ＳＭＩで最重要課題であった。それほどに肝要なことなのである。

また、項目を細分化し、人生のステージごとに作成するというところに独自性があり、このことじたい、かなり面倒な作業だとは思える。しかし面倒な作業を課すことは、自分の意識を掘り起こしていくことにもつながるのだろう。

この「3ＫＭ」で、土屋氏は生涯幸福設計セオリー10と銘打ち、十個のセオリーを提示している。これなどは、ＳＭＩを学ばなければ策定できない内容である。

セオリーの一つ目は「ものの見方、考え方を変えてみる」。要点は、常にプラス思考へと変換させていくということだ。「うまくいくだろうか」「失敗しないだろうか」という発想をやめ、「絶対に成功する」という信念に変えていくのである。

当然、挫折や失敗があっても、それは転機であり休養であると捉えてみる。これなどは、さまざまな経験を積んできた土屋氏だけに、重みのある表現である。

さらに、セオリーは「潜在意識を活用せよ」、「夢を見、目標を立て、現在に最善を尽くせ」、「逆境こそ天が与えた最大のチャンス」とつづいていく。

潜在意識の活用ということは、つまり自己暗示である。「こうありたい」と望みつづけることで、自己暗示にかかり、そのように振るまい、そして成功へとつながるのである。

まさに、ポール・Ｊ・マイヤーのいう「人はなりたい者になる」と同じである。そして

「夢」の重要性、「目標」の大切さは、成功や幸福を得る最良の手段だというのも、SMIプログラムでも提唱されているとおりである。土屋氏の慧眼《けいがん》はその点に着目したのだろう。

セオリーの八つ目で「人生の成功法則には公式がある」というのも、的確な指摘だ。成功する者にある種のパターンがあると気づいたのはポール・J・マイヤーで、その研究から生まれたのがSMIプログラムだが、土屋氏もまたこの公式の重要性を理解している。公式から外れることで失敗するのなら、できるだけ公式に則った行動をとればいいのだ。もちろん、同様に失敗する者の公式というものも存在する。

成功者と失敗者と、両方のパターンを学ぶことが、実は成功へ至る近道なのである。

土屋氏はしきりと「運命はみずから招き、境遇はみずからつくる」と書いている。

《はっきりした目標を設定しましょう。行動計画を立てましょう。その行動を習慣化させましょう。それによって環境は確実に変わります。運命は切り開かれ、心の思う通りに境遇はつくり変えられます》

土屋氏のある著書の最後の文章だが、簡にして要を得たまとめである。生きていく証を得るためには、相応の努力をしなければならない。しかし、誤った方向に努力しても、何の効果も期待できない。多くの人たちが、その轍を踏んでいる。

そこに気づいた者は、広く、そのことを教えたくなる。

たとえば、ポール・J・マイヤーがそうだった。SMIプログラムを作り、世界中の人たちにそのことを伝えていったのである。

5　子どもたちを導く杖として──原田隆史氏

ＳＭＩを活用する人たちは、何も企業や商用、あるいは組織作りだけに役立ているわけではない。よく考えてみると、それは当然のことだろう。ＳＭＩとは、自己のモティベーションを高める手段を技法化したものだから、商売に生かしていくのは、あくまで便法としてだといえる。

「自己のモティベーション」について最も真摯に、そして切実に付き合っているのは、ある意味で教育の場であるかもしれない。

実際、教育現場でＳＭＩを生かしている人たちは多い。

効果のほどが最も判断しやすいのは、クラブ活動、それもスポーツでの活動である。企業が売上を基準としているように、運動部の活動も勝ち負けで判断させるからである。

大阪府のある公立中学校の陸上部を七年間で、個人種目について十三度の日本一、十二回連続で大阪府大会の男子総合優勝、五回連続の男女総合優勝を成し遂げた教師がいる。元・大阪市立松虫中学校の保健体育の教諭にして、陸上部顧問だった原田隆史氏である。

この松虫中学を最後に、原田氏は天理大学の講師に移ったが、いまもこの中学校での教育方法を各地の講演で語り継いでいる。それほど鮮烈で、また劇的であったといえる。

松虫中学校とは大阪市の南部、阿倍野区と西成区の境界あたりに位置している。校区内には大阪市有数の繁華街があり、そうした店々で働く親をもつ子どもたちが生徒として通ってきている。

原田氏が赴任してきたころの松虫中学校では、不景気を反映してなのか、生活環境が厳しい家庭にある子も多く、学校全体が荒れていたという。挨拶をしない、遅刻忘れ物を繰り返す、教師に水をかける、カバンからナイフが出てくる、注意をしても罪悪感を感じない……。

何とかしなければいけない。

原田氏は、かなりの強行策をとることにする。まず、授業に遅刻してきた生徒、七十人中三十七人を五分間正座させ、話を聞かせた。

このことが体罰ではないかと問題になり、保護者やマスコミが騒ぎだす。緊急の保護者集会が開かれ、そこで弁明しなければならなくなった。

原田氏は保護者に事情を説明し、遅刻と忘れ物の実態を公表した。親の責任にも言及した。大紛糾のなか、原田氏は宣言する。とにかく、松虫中学の陸上部を日本一の学校にしてみせる、と。

もちろん、誰も信用しない。年上の教師からは「人権感覚がない」とまで非難された。ただ、何人かの心ある教師と生徒は支援してくれてはいた。

陸上部の生徒を前に、三年後の全国大会で日本一にする。もしもできなかったら辞めると、改めて宣言した。

生徒たちから「それを紙に書いて」と言われ、紙に同じ文句を記した。と、生徒はコピーを取って職員室にもっていくではないか。

「原田先生がこんなこと書きました。もし全国大会で優勝できなかったら辞めさせてください」

さすがに原田氏も「エライことになった」と感じた。

しかし、結果として、自らも宣言し、生徒たちにも目標を共有させることで、退路を断つことになった。

松虫中学の陸上部は、当時、部員が二十人ほどしかいなかった。それで、原田氏は新入生の勧誘に精を出す。一人一人に声をかけては「陸上部に入らないか」と勧める。それが功を奏して、一年生が二十人入部してきた。合計四十人の船出である。

道具も揃っておらず、サッカーや野球に押されて、校庭を使うこともままならないありさまだった。

まずは、自分たちの力を知る意味で、日本一の選手ばかりが出場する試合に参加させてみた。予想どおり、全員が最下位に終わった。惨憺たる成績である。

予想どおりではあっても、生徒も原田氏も悔しい。この悔しさをバネに日本一を目指さねばならない。

周囲を見渡し、作戦を立てていく必要があった。

まず、練習の環境として、松虫中学の校庭はかなり狭い。長短距離のリレーといった「トラック競技」には向いていないことが分かった。それで原田氏のとった方針は、高跳び、幅跳び、砲丸投げ、円盤投げなどの「フィールド競技」に狙いを絞ることである。

実は、こうしたフィールド競技は、小学校時代に経験することがないので、中学生になってからでも優劣の差が小さく、互角に闘えるジャンルなのである。

スピードと持久力ではなく、力と技の練習に時間と能力を注ぎ込む。それが他校との差別化を生むはずであった。

一方、練習環境を整えるにも陸上部には予算がほとんどなかった。合成ゴムのトラックや投擲《とうてき》用のコンクリートサークル、大量の砂場の砂、経済的余裕のない生徒のスパイクなど、原田氏が自腹を切って揃えていった。松虫中学の七年間で、八百万円ほどは原田氏個人の持ち出しになっていたという。

次は、生徒の「やる気」である。

基本は、高い目標を設定し、それをクリアするためのノウハウを教えてやり、達成感をやる気につなげていく方法である。

ただ、問題は、このノウハウの教え方である。走り幅跳びを例に原田氏は説明している。

普通は、助走から教えはじめ、踏切、空中動作、着地と時間軸に沿って教えていく。走り幅跳びとは助走のスピードで決まるといっても過言ではない。だから、初めに助走を教えると、すぐさま記録が伸びて、やる気も起きる。ところが、踏切や空中動作は、すぐに記録には結びつかない。

そこで原田氏のとった教え方は、まず空中動作や着地から教えはじめるというものだった。もちろん、これだけでも記録は伸びる。少しずつやる気が高まっていく。そして最後に助走を教えるのだ。すると一気に記録が向上し、より大きな達成感を持つことになる。

苦手意識を克服し、大きな達成感を抱くことで、さらなるやる気が芽生えはじめる。その好循環こそが原田氏の狙いであった。

二年目で男子が大阪府の大会で総合優勝したが、個人で全国大会に出ると上がってしまい、まだまだ日本一には遠かった。

そこから原田氏は、ＳＭＩで最重要部分に置かれている目標設定と計画作りに着目することになる。モティベーションを高めること、それはメンタルトレーニングにほかならないことに気づいたのだ。

目標設定の重要性に気づいた原田氏は、ＳＭＩのシステムを模して、「長期目標設定用紙」というものを作り出す。

まず、生徒たちに最高目標、中間目標、絶対達成できる目標の三つを設定させる。たとえば、最高目標は「〇〇分〇〇秒で中学日本記録を作る」など。中間目標は、この最高目標に至る過程で「大会新記録を作る」などとし、絶対達成できる目標はさらに近い段階のハードルとなる。

目標設定ができたら、その目標から得られる利益を書き込む。「家族や仲間に喜んでもらえる」だとか「高校進学の条件が良くなる」といったものだ。

そして成功した試合と失敗した試合の分析がなされ、より具体的な行動へと進んでいく。具体的な行動は、本当に「具体的な」ものとして記していく。「一日十分のストレッチ」というように。

またセルフトークというものも書き込ませる。「日本一は俺のもの」「絶対負けないぞ」といった内容である。そして、これを一日に何度か口にさせる。まさにSMIのアファメーションの応用である。

こうした長期目標設定用紙を部員に書かせ、添削して返すことを繰り返していった。生徒たちは大会や試合のたびに用紙に書き込み、原田氏の添削を受ける。書いて書いて書きつづけていった。原田氏が宣言した三年後の大会まで、出場した試合は六十回に及んだ。

そのうちに、ゴール、つまり日本一だとか新記録達成というものが具体的な像を結ぶようになってくる。

そして、書いた文章を見直すことが、SMIでも言われている「視覚化」につながってくる。毎日毎日、目標を目にしていることで、目標と自分との距離を把握し、具体的な道程として迫ってくるのだ。

教育の場で、吸収力のある子どもたちを相手に、このシステムを導入した点に原田氏の卓抜な教師としての力量が見てとれる。

松虫中学に赴任して三年後。いよいよ約束の全国大会に出場する。五人の選手が八種目に出場した。

それまでの記録からいっても、周りから「日本一は無理ではないか」という目で見られていた。しかし原田氏は確信していた。けっして日本一は無理ではない、と。

そして、実際の競技に移ると、松虫中学の部員たちは大活躍をする。

結果は、男子三種競技と女子走り幅跳びの二種目が日本一、残り六種目すべてで入賞を果たしたのだ。

地域の公立学校であるがために、避けて通れない部分もある。それは地元との付き合いであり、融合である。

これは逆に言えば、強みにも転化する。つまり、地元の協力を得られれば指導方針がより深く、広く浸透するからだ。

原田氏の携わった陸上部でも、継続して好成績を残していくためには人材を揃えていかねばならない。部員は多いにこしたことはないのだ。そのためには広報として、保護者会や会報を組織し、松虫中学陸上部の活動を喧伝することに努めた。小学校の教師たちにも会報を渡したりした。

とにかく関心をもってもらい、入部してもらうことが大切なのである。

一方で、地域の健全育成活動の一環として、地元で小学生を対象とした陸上クラブを発足させたりもしている。子どもたちの自立を促す活動であり、毎週土曜日の一時間だけ練習に費やす。初年度は原田氏自らが指導にあたったが、二年目からは将来の存続を見越して保護者の協力を仰ぐことにした。あるいは、松虫中学のグラウンドを利用し、中学生たちが指導にあたることもあった。

陸上部の三年生は卒業する際に、それまでに培ったノウハウを書き残し、後輩に伝えていくことにした。これもまた、ノウハウ共有（SHARE）である。

このように見てくると、教育の場でのSMIの応用というのは、ポール・J・マイヤーが唱えたように「トータル・パースン」としての成功が、より具体的に、直截《ちょくせつ》的に反映されていくことが分かる。経済活動がからんでこないだけに、純粋な形でモティベーションが生かされていくとも言える。

ここ数年、強豪といわれるようになった甲子園の常連校にもSMIによる指導を行なっているところがある。

勝負ごとだけに、当然、勝つ者もいれば負ける者も出てくる。誰も彼もが勝てるわけではない。SMIを使うことで、成績が向上するのは確かなのだが、実はそれ以上の効果が望めるからこそ、指導者はこのプログラムに惹かれるのだろう。

それは、「自分にとっての成功」を思考することができるからである。単に「頑張って優勝しよう」とか「新記録を出そう」というのではなく、「優勝することによって何が得られるか」を考えていく。そのとき、いったい自分はどの方向に進みたいかを、常に点検していくことになるのだ。

現代こそ、そうしたＳＭＩの内省的意味合いを効果的に使うことが、教育の場で求められているのかもしれない。

6　コンプレックスをバネにして――田舞徳太郎氏

この章で紹介してきたＳＭＩに関する独自の実践者たちには、いろいろなタイプの人たちがいる。が、共通して言えることは、みな、ある種のコンプレックスを抱えていることだろう。家庭の経済状況だったり、学歴だったり、商売上の大きな失敗だったり。

現在、田舞実業チェーン、音羽、日本創造教育研究所、コスモ教育出版などなど、実にさまざまの企業の代表取締役を兼務している田舞徳太郎氏なども、そんな一人である。

著作も多々ある。それらの著作に目を通していくと、至るところに自らの生い立ちについて触れた文章があることに気づく。

たとえば、こういうくだり。

《私は長崎県の中学を卒業と同時に、小さな寿司屋の住み込み店員として働きました。初任給四千円、事業に失敗した父の借金のカタとして働きました。／五年六か月で返済を終え、私は弟を置いて夜逃げをしました。飲む、打つ、買うことが常識の職人の世界に、反吐が出るほど嫌悪感を持っていたからです》（『気づきの人間学』致知出版）

《私は人一倍学歴コンプレックスが強く、白衣の仕事着を着て外へ出るのさえ恥ずかしい思いにさいなまれたのです》『「可能思考」で生きぬけ』致知出版）

この中学卒業という学歴が田舞氏にとっては大きなコンプレックスだったようだ。学歴を理由に地元の青年会議所に入会を断られた、勤めた先のアルコール依存症の先輩職人のようにはなりたくないと叫びだしそうになったなど、若い日々、なめつづけた辛酸について事あるごとに記述されている。

だからなのだろう。後年、一九九八年アメリカのスタンフォード大学に客員研究員として留学したことが、大きな自信になったようである（どのような経緯で、どのような身分での留学かは詳しく述べられていないが）。

この田舞徳太郎という人は実に正直なのだと思う。コンプレックスや見栄、心の傷や衒《てら》いをこれほど素直に表現しているのだから。それもまたＳＭＩの影響かもしれない。

田舞氏の「成功論」も、時間とともに成長を遂げている。とりあえず、時間を追って、古い順から紹介していく。

一九九一（平成三）年刊行の『「可能思考」で生きぬけ』では、「実践成功へのプログラム」という章を設け、その冒頭で「自信は『目標設定・決意・完遂』の行動から」と述べられている。ここでの、ポイントは《明確な行動計画をつくりあげる習慣を身につけること》と、《それに基づいて行動し、知識を磨き、今度はそれを実践するために、徹底した行動力と気力を養い、さらにそれを生涯維持しつづけること》とある。

そして、その目標設定について、大きく《①人生における目標、②仕事や職場における具体的な実践目標、③人間関係の目標》としている。もちろん、これでは十分ではなく、健康で経済的な暮らし、精神的な充足、社会的評価も大切だが、《一度に多くのことができないということ》と、《与えられた条件を最大限に活用して、次のステップに結びつける》のが成功の鍵だという。

ここで、述べられているのは、つまりポール・J・マイヤーが「百万ドルの成功計画・五則」と呼んだ法則の第一則と第二則、そしてやはりポール・J・マイヤーが提示した「トータルパーソン」の概念での六分野である。「健康面」「教養面」「社会生活面」「経済面」「精神面」「家庭生活面」で等しく成功しなければ、真の成功とはいえないという説だ。

つづいて、「仕事観の変革と職場貢献への意欲が鍵」とつづくが、これはまさに第三則「心に描いた人生の夢に、真剣な欲望を燃やそう」ということである。

この書のタイトルにもなっている結論、つまり「可能思考者」になることこそ成功への一本道だという考え方は、第四則「能力に対して、やれるのだという自信をもとう」ということである。

まさに、田舞氏はポール・J・マイヤーの良き生徒であると言える。忠実にその教えを守り、さらに自分なりの言葉に噛み砕いている。やはり、実践を通してポールのプログラムを体感した者だけが知りうる境地なのかもしれない。

そして、勉強家である田舞氏はこの本の中でも、実に多くの偉人や著名人の名前、言葉を引用している。吉田兼好の『徒然草』、サントリー会長の佐治敬三、哲学者バートランド・ラッセル、D・カーネギー、エジソン、アニー・サリバン、体操の具志堅幸司など。彼らの言葉が田舞氏の血肉となり、渾然一体となった文章が綴られていくあたりが、彼の本の魅力なのだろう。

一九九九（平成十一）年に上梓された『気づきの人間学』では、まず第一章で「成功する人生を歩む秘訣は自己肯定にある」と、否定的な考え方をする愚を何度も何度も述べていく。ここで、ポールの「成功への心構え・その構造」を思い出すのではないか。ポールが説いた「言葉」の選択法であり、日常で私たちが使用する言葉のうち、何を捨て去り、何を自分のものにしたらいいか、というものだ。

使ってはいけないとされたのが「私にはできない（I can't）」「やれるかな？（If）」「時間がない（I don't have the time）」「たぶん（Maybe）」「自信がない（I'm afraid of）」などなどの九つの言葉である。

そして、この本の第二章では「人生目標を必ず達成に導く八つの方法」と題し、読み手に対して具体的な指示が与えられることになる。

まず、第一は「目標を明確にすること」。具体的な像を描くこと、優先順位を決めること、そして目標実現の意思を固めることである。

つづいて、「自分の心をオープンにする」「自分をありのままに表現する」「心の冒険をする」「いまここに百パーセント参加し、いまここに全力投球する」「責任をとる」「援助をし素直に受ける」「本気でやる」が挙げられていく。

正直言って、これは前に挙げた著書より、成功論としては曖昧にすぎるだろう。たとえば「心をオープンにする」と「ありのままに表現」はほとんど中身が重なっているし、「いまここに……」は禅宗の教えの借用であるし、「責任をとる」「本気でやる」に至っては、あまりに当たり前に過ぎる。

もちろん、賢明な田舞氏であるから、この「八つの方法」がそれほど明確でないことに気づいているようで、次の第三章で「脳にある六つの機能から人間を観る」という独自の論を展開していく。簡単に言ってしまうと、仏教でいう「因縁」を人間の環境全般に敷衍《ふえん》して捉えていこうというものだ。壮大な思想であり、その是非を問うにはとても紙幅が足りないが、田舞氏の個性や方向性を端的に示しているといえる。ただ、惜しむらくはデータがあまり抽象的にすぎ、他者が検証できない点だろう。

二〇〇三（平成十五）年に出た『無知は人生に壁をつくる』（致知出版）は、ＳＭＩの影響下にある田舞氏の成功論がさらに昇華した形で表現されている。

冒頭で、田舞氏は「無知」こそが失敗の最大原因だと主張する。

《失敗する人の共通項は「無知」だということです》

その「無知」というのは《学歴がないとか、いろいろな学問的知識がないというようなことではありません》と説明する。《成功に学歴はあまり大きな影響を与えていません》、《高い学歴と学問的な知識の高い人が「無知」である場合もあります》と説明している。

田舞氏のいう「無知」とは、真理から隔たった人というほどの意味なのだろう。彼らは、なぜか、物事を肯定的には解釈できなくなる。このあたりの説明があまり詳しくなされていないが、つまりはそうなのだと説く。だから、逆に「知の力」をもった人は物事を肯定的に解釈する習慣を身につけているという。

ここで、彼の主張する「可能思考」、つまりポール・J・マイヤーの説く「成功への心構え・その構造」へとつながっていくのだ。

物事を肯定的に解釈できる人を可能思考能力の高い人と定義し、そうした人たちこそが無知と対極にあるのだとするのだ。

《成功するために学歴は特別必要なものではありません。お金や経験も大した条件ではありません。能力も普通であればいいわけです》

と、ここでもまた学歴が取り沙汰されるが、要は《この可能思考能力がない人は、どれだけ立派な大学を卒業しようと、お金や財産や社会的な地位を得ていようと、どんなにその道に精通していようと成功できません》ということなのだ。

　この本で、田舞氏の思想はＳＭＩのプログラムに仏教的思想を注入し、さらに企業運営にはてはめていくという独自なものへと転化していく。

　たとえば「当たり前のことをコツコツやる」という章では「自分の『任』を自覚しよう」と促し、「天は自ら助くる者を助く」という章では「人間とかく『慢』に陥りやすい」、「人材育成には人間救済の心がなければならない」と語り、「日に新たなり」の章では「自分の知識や経験にこだわると足らざることを自覚できない」とする。まさに「知足」の思想だ。

　こうして見ていくと、日創研（日本創造教育研究所）は、ポール・Ｊ・マイヤーが築き上げてきたプログラムに、日本的なるもの、また田舞氏じしんのキャラクターから生まれてきたものが付け加えられて完成したといえる。たとえば、田舞氏の学歴コンプレックスが「無知は人生に壁をつくる」という思想を作ったように。

　どうやら、彼はマイナスを見事にプラスに転化させることができたようだ。こうした生き方こそが、ポールが多くの人に与えたかった指針のひとつであったはずである。

７　イミテーション・ゴールド

ＳＭＩを学んだり、ＳＭＩの仕事に携わってきた人たちが、ＳＭＩを元にして、独自の表現で何とかセミナーを行なったり、営業スキルのプログラムを販売している例がある。

この点について、「独自の理論」と謳おうと販売者の自由かもしれない。何の影響を受けたかは、本人のみが知っているのだから。ただ、明らかにSMIを改竄《かいざん》したものだったり、SMIの核を援用したものだった場合、その差異についてだけは指摘しておかねばならない。

船井幸雄氏などの経営コンサルタント、経営の神様・松下幸之助や京セラの稲盛和夫氏、マクドナルドの藤田田氏などの成功に至る道筋をたどっていくと、SMIへと行く着くことが多い。

それは、ポール・J・マイヤーの生み出したSMIプログラムが不変不易であり、いつの時代にも変わらぬ真理を結集しているからだろう。

しかし、SMIの輪郭をなぞり、自分では換骨奪胎《かんこつだったい》したつもりでいる人たちの多くは、この「不変不易」という部分に思いが及んでいない。

目に見えるところ、形として現れる成功に人々は惹かれる。そのことは悪いことではない。ただ、さらに一歩進んで成功について考えはじめたとき、本当の意味での成功がどのあたりにあるのか、深く悩まざるをえないはずである。富なのか、名声なのか、地位なのか、権力なのか、あるいは家族の幸福なのか、健康なのか、多くの友人なのか、平穏無事な暮らしなのか……いったい、何が成功であり、何が幸せであるのか。逆に、何が失敗で、何が不幸せなのか。私たちは一生、答えの出ない問いかけをつづけていくはずである。

その末にぼんやりと見えてくるのは、形として現れてくる物の向こう側にこそ、どうやら

「真の成功」がありそうだということだ。手にとって眺めることのできないもの、それが「成功」ではないか、と。

SMIにおいてポール・J・マイヤーが提唱するトータルパースンという概念こそが、この「真の成功」の姿だと思う。つまり、何ら奇をてらった方法でもなければ、他人を陥れるようなえげつない手段でもなく、その場かぎりの弥縫策《びほうさく》でもない、王道を行くがごとき青写真なのである。

そのために、SMIでは反復システムを取り入れ、プログラムとして用いている。何度も繰り返し繰り返し、当たり前のことを唱えていくことで、それが自分の血肉となり、自身の言葉へと転換するのである。

このあたりが、SMIを模したプログラムやセミナーとの大きな違いかもしれない。

SMIが作られた目的は、人間本来の生まれながらに与えられている天与の資質を、自分じしんで気づき、自らの手で形にしていくためである。けっして外部からのモティベーションではなく、内面からの自分の心構えによるモティベーションによって行動することなのである。

SMIの表面をすくって作成されたプログラムでは、すぐに手に入る成功のみを対象としている。セールスの極意や販売の新手法といった謳い文句で。

しかし、何度も書いてきたことだが、本来の「成功への道筋」とは近道や即効性の薬物ではないのである。じっくりと、掌の上で転がし、暖めるようにして育てあげていくものなのだ。
だから、ＳＭＩの提唱する方法に「古い」も「新しい」もないと言える。その真髄は、まさに不変不易なのである。

いまの世の中、何が本物で、何がまがい物か、なかなか見分けがつかなくなっている。貴金属やブランド品だけでなく、さまざまなソフトにも、そうした真贋の違いの見えなさが及んでいる。

平気で海賊版が売られ、オリジナルの価値が損なわれ、真贋《しんがん》のいずれもが等価値であるかのように錯覚されてしまっている。

もちろん、そんなことがあるはずはないのだ。本物は本物であるし、贋物は贋物でしかない。外見がいかに似ていようとも、中身はまったく異なっているのである。

それはブランド品の鞄や服飾品を見てみるとはっきりする。歴史に耐えてきた物たちは、細かな作りが実にしっかりとしている。目に見えない箇所まで細心の注意が払われ、作り出されている。

イミテーションのほうは、その細かな箇所への気配りが足りないのだ。これは当たり前のことである。なぜなら、贋物を作ろうとする者たちは、いかに「楽をして」大きな収益を得ようかと考えてスタートするのだから。でなければ、贋物などは作らず、自分なりの「本物」を作り出すはずだろう。贋物作りに手を染めた段階で、すでに隠れた箇所、目に見えない部分への注意が消し去られているとも言える。それを人は「手抜き」と呼ぶのだが。

贋物を手にしたとき、それが単に「物」であるのなら、見る目のなかった自分を反省すれば済むかもしれない。しかし、「生き方」や「人生」に関わる指針ならば、「間違ってしまった」と苦笑いする程度では済ませられないこともある。大きな失敗へと導かれてしまい、悔やんでも悔やみきれないことも起きかねないのである。

もしも道を誤ったと悟ったとき、すぐさま引き返すのが賢明だろう。

いま一度、自分の手元にある「成功のための羅針盤」が本物であるのか、あるいは贋物であるのか、確認してみてはいかがだろう。

ためつすがめつ眺めた結果、「本物だ」と頷けたとき、あとはその羅針盤を信じて邁進していけばいいのである。

エピローグ　さらに多くの成功者（リーダー）たちへ

「最も成功したリーダーたちは、彼らのチームに属するすべての創造的な潜在能力を認め、それを生産的に役立てる人たちである」（ポール・J・マイヤー）

ここまで何人ものSMIの実践者たちを紹介してきた。

彼らは、みな、ポール・J・マイヤーのいうトータルパースンを目指してバランスを保ち、成功を収めてきた。逆に言えば、健康面、教養面といった全人的バランスを欠いたときの成功は見せかけのものであり、真の成功ではなかったと言える。

お金は儲けても家庭が崩壊したり、大病を患ったり、あるいは誰一人として友人といえる仲間を持てなかったり……そうした状況を私たちは「成功」とは呼ばないはずである。

トータルパースンとして活動を継続してきた人たちは、どれほど忙しくとも、家族や健康などに気を配っているのである。

とくに、ＳＭＩの真髄である「自身のモティベーションの高め方」を軸に、さまざまな活用法をみてきた。

このＳＭＩプログラムがどんなジャンルの、どんな年齢層の、どんな趣味嗜好の人を対象としても、ベースに存在することが分かってもらえたと思う。

いま、日本でＳＭＩのエッセンスが最も求められているのはさまざまな分野における「リーダー」ではないかと思う。つまり、こういうことだ。私たち個人のトータルパースンとしての成功は、自分やその周囲の環境に働きかけることで可能にはなる。六つの分野での成功だ。しかし、それらを取り囲む、より大きな世界環境は、私たちの力だけではどうすることもできない。政治家であったり、大企業の経営者であったり、社会の枠組と土台作りを責務とする人たちの力が必要になってくる。そんな彼らが、「モティベーション」ということに関心をもたず、あるいはトータルパースンに興味も惹かれなかったとしたら、個人個人の成功さえ覚束なくなってしまうだろう。だからこそ、彼らにこそＳＭＩのプログラムが必要なのではないか、と指摘しているのである。

かつて一九六〇年代末から七〇年代にかけて、ＳＭＩは青年会議所（ＪＣ）にＬＩＡ（Leadership In Action＝指導力開発）というプログラムを提供して、リーダー育成をはかったことがある。プログラムの推進者にはウシオ電機社長の牛尾治朗や小野正孝らがいた。またユーザーとしてブリヂストンの石橋正二郎、マクドナルドの藤田田ら多数いた。

彼らじしんがＬＩＡを用いて、的確なリーダーシップを発揮していったのは、後の活躍を見ても明らかである。青年会議所では、現在、さらなる改良を加えたニューＬＩＡというプログラムを実行して、指導力の開発に取り組んでいる。

そうしたリーダーの必要条件としては、「勁《つよ》さ」「客観性」「包容力」が挙げられる。

勁いリーダーとは、仮に少数派であっても、自らの信念を貫ける力である。その意志力である。それは何も唯我独尊というわけではない。周囲の意見を聞き、さまざまな事例を参照して、そこで出した結論について信念を抱くということである。

この勁さに対して、部下は惹かれ、そして自らの処遇を委ねようと思うのである。

次の客観性だが、これは物事、人事を公平に見る力である。世の出来事、世間の動き、会社内の軋轢、業績の変動、そうした事々をきちんと正当に判断することは、実のところ、とても難しい。気に入った社員に甘く、相性の悪い部下には冷淡だっりと、そういった私情が加わるのはもちろん、どうしても自分に都合の良い角度から見てしまうのである。こうした曇って目で眺めることが、会社という船の航路を誤るだけでなく、社員たちのやる気を殺《そ》ぐことにもなりかねないことを、リーダーは知っておく必要がある。

人間だから、自分に甘く、他人に厳しくなってしまうし、好き嫌いもあるだろう。そこをどれだけ抑えていけるかが、上に立つ者に問われた資質なのである。

そして、もうひとつ、包容力がある。人間のとしての器の大きさでもある。

社員が失敗したとき、ただ厳しく叱るだけでなく、最後のところで救いの手を差し伸べてやらねばならない。許してやる度量である。

ひとつのミスを、延々と責められる社員は、必ずその上司に造反するはずである。その場ではおとなしく聞いていても、後になって足元をすくおうと試みるはずである。

もちろん、単に甘やかすだけでは、いけない。同じ失敗を繰り返さないように、きちっとした訓練を施すことは大切だ。その一方で、部下が萎縮してしまわないように、減点法で相手を判断するのでなく、加点法で判断していく。そうでなければ、部下の最も良い部分が発揮できないだろう。

こうした条件を兼ね備えたリーダーが、自ら命がけで走りつづけること。それが最も肝要なのだ。のほほんとしたリーダーには誰も従わない。命がけで働く上司にこそ部下は付いていくのである。

ポール・J・マイヤーは、こういうことも言っている。

「高い目標を設定し、その目標を達成すべく追求している人は、周囲の人びとだれにでも、生命力を吹き込む。その人は着実によじ登っていき、ほかの人は、その後に従う」

その人の立っている位置が、企業のトップであっても、あるいは中間管理職であっても、または一社員であっても、セルフ・モティベーションを高め、生きていくことに変わりはない。SMIの根本的な発想は、ここにある。

そして、この点をより分かりやすく解説したのが、ポール・J・マイヤーが唱えている「わたくし株式会社」ということである。

自分自身をひとつの株式会社として眺めてみようというのだ。

私のもつスキル、エネルギー、集中力といった「資産」は活用すればそれだけ価値が高まっていく。

また、この株式会社においては、商品開発から宣伝、営業もすべて視野に入れていかねばならない。ということは、専門バカとして生きていくことは「わたくし株式会社」としての在り方に反することになる。

苦手な部署に配置転換になったとき。そのことを嘆いてばかりはいられない。そこでの仕事をマスターすることは「わたくし株式会社」の資産を増やすことでもあるし、さらには刺激を与えることで成長する脳に対しても効果的なのである。

自分という会社、自分という商品。卑下していても、過大評価し過ぎても、いずれは倒産してしまう。

発想を転換することで、苦難もまたトレーニングの方法となりうるのである。

わたくし株式会社を土台として、成功へと歩んでいくこと。その道杖となるのがＳＭＩなのである。


「セルフ・モティベーションを理解し活用する人にとって、チャンスはどこにでもある」

（ポール・Ｊ・マイヤー）

【引用参考文献】
『自己を動かす　マイヤーの行動法則』海藤守　実務教育出版
『「ワクワクドキドキ」やずや式少数盛栄術』
　西野博通・山下眞理　西日本新聞社
『日本流　仕事はしあわせの種まき』長谷川裕一　ダイヤモンド社
『オートバックス「願望実現」の経営』住野敏郎　日本実業出版社
『キャリア・ウーマン　私の道』税所百合子　サイマル出版会
『カリスマ体育教師の常勝教育』原田隆史　日経ＢＰ出版センター
『固くて強い組織はこうしてつくる　小規模・中小企業成功の秘訣』渡辺健次『個人力より組織力　感動共有の組織づくり』渡辺建次
　ダイナミックライフ福岡
『社長、「小さな会社」のままじゃダメなんです！』石原明
　サンマーク出版
『成功曲線を描こう「みる夢」から「かなえる夢」へ』石原明
　一世出版
『生きがい、やりがいを育てる　土屋ホーム、成長の軌跡』
　土屋公三　致知出版社
『創る　使う　変わる　３ＫＭ手帳革命！』土屋公三　出版文化社
『世界№１セールスマンが書いた世界一わかりやすい　世界一「売れる」本』桑原正守　経済界
『気づきの人間学』田舞徳太郎　致知出版社
『「可能思考」で生きぬけ』田舞徳太郎　致知出版社
『無知は人生に壁をつくる』田舞徳太郎　致知出版社

真の成功法則を求めて

2007年７月３日　第１刷発行

著　者　元木　裕
発行人　浜　正史
発行所　株式会社　元就《げんしゅう》出版社
〒171-0022 東京都豊島区南池袋4-20-9
サンロードビル2F-B
電話　03-3986-7736 FAX 03-3987-2580
振替　00120-3-31078
装　幀　唯野信廣
印刷所　中央精版印刷株式会社

※乱丁本・落丁本はお取り替えいたします。

ISBN978-4-86106-155-4　C0034

終わりなき挑戦

堀井 学

100分の2秒が人生を変えた

世界の頂点を極めた男が味わった、人生最大の絶望からの生還。たびかさなる失意とピンチの日々を持ち前の「ネバーネバーギブアップ」精神で乗り越えた魂の詩がここにある。

小学4年生でスピードスケートを始め、30歳でソルトレイクオリンピック出場後引退。その20年間のスケート人生で見た天国と地獄を一挙独白。

■定価一五〇〇円（税別）